EDITORA AFILIADA

Dados Internacionais de Catalogação na Publicação (CIP)
(Câmara Brasileira do Livro, SP, Brasil)

Simonton, O. Carl
  Cartas de um sobrevivente : o caminho da cura através da transformação interior / O. Carl Simonton, Reid M. Henson, Brenda Hampton ; [tradução Heloísa Martins-Costa]. — São Paulo : Summus, 1994.

  Bibliografia.
  ISBN 85-323-0416-8

  1. Câncer - Aspectos psicossomáticos 2. Cura mental 3. Espírito e corpo I. Henson, Reid M. II. Hampton, Brenda. I. título.

94-0442   CDD-362.1969940092

Índices para catálogo sistemático:

1. Cura : Pacientes de câncer : Biografia
     362.1969940092
2. Pacientes de câncer : Cura : Biografia
     362.1969940092
3. Método Simonton : Pacientes de câncer : Cura : Biografia
     362.1969940092

O. CARL SIMONTON · REID M. HENSON
com BRENDA HAMPTON

Cartas de um Sobrevivente

O caminho da cura através da transformação interior

summus editorial

Do original em língua inglesa
THE HEALING JOURNEY — The Simonton Center Program for Achieving Physical, Mental, and Spiritual Health
Copyright © 1992 by Dr. O. Carl Simonton and Reid Henson.
Publicado por acordo com a Bantam Books, uma divisão da Bantam Doubleday Dell Publishing Group, Inc.

Tradução de:
Heloísa Martins-Costa

Revisão técnica de:
Ruth Reveca Rejtman

Capa de:
Ricardo de Krishna

Proibida a reprodução total ou parcial
deste livro, por qualquer meio e sistema,
sem o prévio consentimento da Editora.

Direitos para a língua portuguesa
adquiridos por
SUMMUS EDITORIAL LTDA.
Rua Cardoso de Almeida, 1287
05013-001 — São Paulo, SP
Telefone (011) 872-3322
Caixa Postal 62.505 — CEP 01295-970
que se reserva a propriedade desta tradução.

Impresso no Brasil

Sumário

Introdução
pelo dr. O. Carl Simonton... 9

PRIMEIRA PARTE
O PROGRAMA DO CENTRO SIMONTON PARA O TRATAMENTO DO CÂNCER

1 *Corpo, mente e espírito*.. 13
  Como combatemos o câncer e outras doenças sérias
2 *O testemunho de um paciente* 23
  A cura milagrosa de Reid Henson
3 *Como começar o trabalho de cura* 41
  Uma semana no Centro Simonton
4 *O trabalho com visualização e sabedoria interior* 55
  O poder da mente, o poder do espírito
  Primeira meditação
  Modificar as crenças sobre o câncer 62
  Segunda meditação
  Desenvolver a confiança... 67
  Terceira meditação
  Comunicação com a sabedoria interior.......................... 70
  Quarta meditação
  Aumentar a confiança em si mesmo através do trabalho
  com a dor 75
  Quinta meditação
  Aumentar o nível de energia para se curar e diminuir o medo da morte 80
5 *O plano bienal de saúde*... 83
  Estabelecer objetivos para recuperar a saúde
6 *Introdução à série de cartas* 97
  Como a experiência de Reid Henson poderá servir de exemplo.........

SEGUNDA PARTE
AS CARTAS DE REID HENSON

PRIMEIRA	*Tornando-se um aluno da vida*	105
	Comentários sobre a primeira carta	108
SEGUNDA	*Recriminação, autoridade e controle*	110
TERCEIRA	*Culpa, erro e amadurecimento*	113
	Comentários sobre a segunda e a terceira cartas	116
QUARTA	*Crenças malignas e realidades malignas*	118
QUINTA	*Escolher uma reação contra o câncer que seja mais forte do que o próprio câncer*	121
SEXTA	*A religião como uma porta de saída*	123
	Comentários sobre a quarta, quinta e sexta cartas	127
SÉTIMA	*A dúvida como um processo para proteger antigas crenças*	130
	Comentários sobre a sétima carta	133
OITAVA	*O milagre da revelação e do arrependimento*	134
	Comentários sobre a oitava carta.....................	136
NONA	*Descobrir um propósito na vida*	138
	Comentários sobre a nona carta	141
DÉCIMA	*Despertar novamente a vontade de viver*	143
DÉCIMA PRIMEIRA	*A relação corpo-mente*	146
	Comentários sobre a décima e décima primeira cartas	150
DÉCIMA SEGUNDA	*Curar relacionamentos importantes*	153
	Comentários sobre a décima segunda carta	155
DÉCIMA TERCEIRA	*Como lidar com a família e os amigos*.............	157
DÉCIMA QUARTA	*O apoio da família*......................................	159
DÉCIMA QUINTA	*O acompanhante principal*	161
	Comentários sobre a décima terceira, décima quarta e décima quinta cartas	164
DÉCIMA SEXTA	*A função do médico*.....................................	169
DÉCIMA SÉTIMA	*A relação entre médico e paciente*...................	171
DÉCIMA OITAVA	*Como administrar a sua saúde*	174
	Comentários sobre a décima sexta, décima sétima e décima oitava cartas......................................	177
DÉCIMA NONA	*Como reagir à recidiva*	180
	Comentários sobre a décima nona carta	183
VIGÉSIMA	*O que aprendi*...	185
	Comentários finais..	189
Bibliografia médica		191
(Pesquisa necessária para o capítulo 1)...		
Leitura aconselhada...		193
O Centro Simonton para o Tratamento do Câncer		195

"Creio que eles vêm para se curar, pois ao ouvir as dificuldades, os anseios e as verdades de outras vidas, quer sejam.... sujeitas a erros e culpas, quer sejam impecáveis.... eles percebem o fio condutor, e que não se trata de mulheres ou homens, jovens ou velhos, negros ou brancos, ricos ou pobres, famosos ou desconhecidos, e sim de um profundo, permanente e incansável desejo de que se opere a cura em todos nós e entre todos nós..."

Michael Lally
The Healing Poem

Introdução

Convido o leitor, através deste livro, a iniciar a sua jornada em direção à cura. Peço-lhe que pondere, pois só poderá começar esta jornada a partir do ponto em que se encontra na sua experiência de vida, não de onde desejaria estar, e sei que para muitos esta jornada começa a partir do diagnóstico de câncer ou de outra doença maligna.

Mesmo sendo um momento difícil para se começar, também é muito poderoso, porque agora existe uma forte razão para que você aprenda o necessário para mudar o curso da sua doença e da sua vida. E, embora o caminho pareça árduo, asseguro-lhe que poderá transformar-se numa jornada prazerosa e num processo agradável. Apesar de implicar trabalho e responsabilidade, acima de tudo trata-se da descoberta daquilo que o anima e motiva na vida e de como usar esse conhecimento para entrar em harmonia com o mundo que o rodeia — e recuperar a sua saúde.

Quando escrevi em co-autoria o livro *Com a vida de novo**, em 1978, já sabia que as técnicas que utilizava davam resultado, e desde então a medicina tem demonstrado como e por quê. Nos últimos dez anos, continuei a aperfeiçoar e expandir essas técnicas, e descobri que o procedimento mais valioso na cura do câncer incluía os processos físicos, mentais e espirituais que identificam, de maneira sistemática, as questões relacionadas à doença, provocando metodicamente mudanças que levam à saúde.

Desde aquele primeiro livro, aprendi muito mais a respeito da cura e conheci pacientes formidáveis. Vou apresentar-lhe um desses pacientes, Reid Henson. Vamos acompanhá-lo em sua jornada, desde o diag-

---
* Publicado no Brasil pela Summus Editorial.

nóstico que o qualificou de paciente terminal, até a época em que atingiu sua plena saúde. Você poderá observar de perto esse homem, ver como o programa funcionou no seu caso, e aprender com ele a lançar mão de uma estratégia criativa como incentivo para criar sua forma pessoal de usar esse método.

Também mostrarei procedimentos e técnicas alternativas e como estabelecer um programa de saúde voltado especialmente para a sua situação.

Venho trabalhando com a abordagem física, mental e espiritual desde 1971. Já tratei milhares de pacientes e eles apresentaram um índice relativamente elevado de cura, mesmo no caso de doenças consideradas "terminais". Sei que cada paciente tem seus próprios problemas, mas também sei que conseguir enfrentá-los é o primeiro passo para o seu restabelecimento.

Ao utilizar este livro, você estará tendo acesso ao programa adotado no Centro Simonton para o Tratamento do Câncer e, assim, terá a possibilidade de participar do processo de melhoria da sua saúde. Se usar este livro da maneira correta, terá informações sobre o que fazer com a sua saúde todos os dias, durante pelo menos doze meses. E para aqueles que estão sozinhos ou se sentem afastados dos outros por causa da doença, acho que encontrarão conforto e força à medida que forem se familiarizando com Reid Henson através da série de cartas que ele escreveu a você. Ele já esteve lá. Ele sabe o que é ter de lutar contra o câncer durante tantos anos, e também sabe o que é recuperar a saúde.

Espero que nos considere como uma equipe médico/paciente, que quer ajudá-lo com carinho e compreensão e com grandes esperanças de que você fique bom.

Dr. O. Carl Simonton

PRIMEIRA PARTE

O PROGRAMA DO CENTRO SIMONTON PARA O TRATAMENTO DO CÂNCER

1
Corpo, mente e espírito
Como combatemos o câncer e outras doenças sérias

Os pacientes cancerosos despertaram o meu interesse a respeito da ligação entre o corpo e a mente — repito, os pacientes de câncer, não os médicos ou psicólogos. Esse interesse foi despertado durante o meu primeiro ano de residência, quando descobri que não conseguia fazer com que os pacientes em estado avançado de câncer reagissem de maneira positiva ao tratamento. Eles não viam por que reagir, pois não sentiam confiança na sua capacidade de se curarem. Sentiam-se desesperançados.

Antes dessa experiência, durante a residência, fiz várias descobertas importantes no campo da biologia das células básicas e de radiação; portanto, acreditava que faria parte de uma equipe que descobriria a cura do câncer. Estava determinado a ser um dos melhores oncologistas do meu país. Tinha sido escolhido como "residente do ano" e fui para a Faculdade de Medicina da Universidade de Oregon para me especializar. Era um momento muito positivo da minha vida.

Estava plenamente confiante que podia dar minha contribuição para a cura do câncer, mas, até o momento em que comecei a especialização, não tinha levado em consideração a participação do paciente para que o tratamento desse certo ou não. Fiquei surpreso ao descobrir que muitos dos meus pacientes não pareciam motivados para melhorar. Não apenas tinham pouca confiança em sua própria capacidade de se curar, como tampouco tinham confiança em mim ou em qualquer outro médico oncologista. Então, comecei a examinar esta questão e a avaliar a possibilidade de levar os pacientes a se engajarem mais, pois acreditava que esta atitude poderia aumentar a eficácia do tratamento.

Em minha busca para mobilizar os recursos internos dos meus pacientes, passei a estudar meditação, visualização, a teoria do pensamento positivo, filosofias orientais, os curandeiros, o caminhar sobre o fogo,

Controle Mental Silva* e muitas outras abordagens, adicionando o que eu aprendia com elas aos meus conhecimentos médicos. Junto com meus colegas do Centro de Aconselhamento e Pesquisa sobre o Câncer em Fort Worth, desenvolvi vários métodos que modificaram profundamente a atitude dos meus pacientes — e também a sua reação ao tratamento médico. Fizemos um estudo com nossos pacientes por um período de sete anos, entre 1974 e 1981 e vimos que a sobrevida era o dobro da média até então em outros centros oncológicos importantes e mais de três vezes a média nacional para os mesmos tipos de câncer estudados. Anunciei esses resultados durante a Conferência Mundial sobre o Câncer, realizada em Buenos Aires, e depois publiquei o livro *Com a vida de novo*, onde nossos métodos foram demonstrados para o público em geral.

A PROVA CIENTÍFICA DA NOSSA ABORDAGEM

Os resultados finais do estudo de sete anos foram relatados a outros profissionais durante a conferência anual da Associação Médica Australiana em fevereiro de 1981. Minha equipe de pesquisa e eu investigamos as taxas de sobrevida de pessoas com câncer do pulmão, do intestino e da mama em estado avançado. Nas três categorias, os índices de sobrevida dos nossos pacientes eram o dobro daqueles observados nos Centros de Câncer mais importantes do mundo.

Um dos pontos fortes do nosso estudo era o acompanhamento. Conseguíamos manter relatórios de acompanhamento em 98 por cento dos casos, apesar de os pacientes morarem em locais diferentes dos Estados Unidos, e em outros países. O aspecto mais fraco do nosso estudo era que só podíamos aplicá-lo em nossos pacientes, um grupo selecionado, sem a característica aleatória necessária a um grupo de controle, para conferir maior credibilidade científica ao estudo. Este seria o próximo passo, porém a falta de recursos nos impediu de continuar.

Contudo, esse estudo já foi completado e publicado em outubro de 1989. A pesquisa, realizada pelas Universidades de Stanford e de Berkeley, na Califórnia, demonstra o mais alto nível de prova científica — um estudo controlado e aleatório. Os pesquisadores estudaram mulheres com câncer de mama em estado avançado, e os resultados divulgados pelo dr. David Spiegel, de Stanford, são extremamente interessantes. No estudo de controle, foram examinadas 50 mulheres. Em nossa população selecionada tínhamos um grupo de 71 mulheres. A média de sobrevida no grupo de aconselhamento foi de 36,6 meses e a do nosso de 38,5. A sobrevida do grupo de controle — mulheres que não haviam recebido aconselhamento — foi de 18.9 meses. A sobrevida histórica cal-

---

* No Brasil também se usa o *Silva Mind Control*.

culada da população de controle, baseada nas informações de outros centros, foi de 18 meses.

São resultados muito gratificantes porque, como admitiu o dr. Spiegel, os pesquisadores iriam tentar invalidar a afirmação de que o aconselhamento podia contribuir para a sobrevida! Porém, trabalhando com admirável objetividade, eles fortaleceram nossas conclusões contribuindo com seu alto nível de pesquisa clínica.

Alguns dos pacientes do Centro Simonton para o Tratamento de Câncer estão muito interessados nessa pesquisa, e nas páginas seguintes gostaria de esboçar melhor a abordagem corpo/mente. Porém, outros pacientes sentem intuitivamente que esta abordagem é a correta para eles e querem começar a aplicá-la imediatamente. Os leitores que se incluírem neste caso podem passar diretamente à página 20: "Novas descobertas, novas conclusões".

Enquanto a prova científica da ligação corpo/mente ainda ocupa manchetes em jornais, médicos que trabalham com pacientes em consultório particular já a observaram desde os primórdios da história da medicina documentada. A primeira informação sobre a relação entre as emoções e o câncer de que eu tenha conhecimento data de 140 a.D., dada pelo médico grego Galeno, que observou e registrou a relação entre a depressão e o câncer da mama. Mesmo antes, segundo os escritos de Platão, Sócrates faz várias referências sobre a importância de se levar em consideração a mente e as emoções, ao se tratar da doença. Sócrates afirmava que ignorar esta relação era agir como médico pouco competente.

Essa sabedoria clínica persistiu até o início do século XX. Lawrence LeShan, a quem considero uma das autoridades mais importantes da história dos aspectos psicológicos do câncer, fez um estudo profundo dos livros de medicina escritos entre 1800 e 1900. No seu livro *O câncer como ponto de mutação*,[1] LeShan declara que, com exceção de apenas um, os dezenove livros que estudou continham uma afirmação semelhante a esta: "Sem dúvida, a vida emocional [os livros usam diferentes frases para expressar esta idéia, mas o significado é o mesmo], tem um papel importante na tendência de uma pessoa a desenvolver um câncer e no progresso da doença".

No mesmo momento, porém, a medicina caminhava direção oposta. Em sua longa luta para dar à medicina uma base científica, os médicos começaram a rejeitar a influência da mente e do espírito na saúde, relegando-a ao "misticismo" dos tempos passados. E a abordagem "científica", ao considerar o corpo como uma máquina, que pode ser consertado como tal, foi responsável por avanços extraordinários na compreensão e tratamento da doença. Quando comecei a clinicar, esta idéia dominava a nossa cultura, nossa formação e todas as instituições médi-

---

2. Publicado no Brasil pela Summus Editorial.

cas. Os pacientes procuravam os doutores para que seus corpos fossem "consertados" e estes estavam loucos para consertá-los.

Em 1960, atingiu-se um ponto crítico, quando a prestigiada Academia de Ciências de Nova York organizou duas conferências, ambas chamadas "Os aspectos psicofisiológicos do câncer". Essas conferências reuniram os pesquisadores mais eminentes do mundo. Alguns dos artigos mais importantes daquela década foram lá apresentados e mais tarde publicados nos *Anais da Academia de Ciências de Nova York* (janeiro de 1966 e outubro de 1969). Juntos, eles representam trabalhos significativos tanto no campo da observação clínica como no da pesquisa com animais; a inter-relação da mente, das emoções e do câncer, foi cuidadosamente analisada.

Em 1973, C. B. Thomas, da Faculdade de Medicina Johns Hopkins, publicou seu estudo sobre os fatores psicológicos como precursores de cinco enfermidades. Publicado no *Johns Hopkins Medical Journal*, este foi o primeiro dos estudos prospectivos — *i.e.*, que analisavam as características psicológicas das pessoas *antes* que fossem diagnosticadas. A enfermidade que apresentou maior correlação com traços psicológicos foi o câncer. As observações da dra. Thomas basearam-se no estudo de trinta anos de dados presumíveis, e ela conclui que as seguintes características predispunham um indivíduo a desenvolver tumores malignos:

- Reagir ao estresse com sensação de desesperança
- Reprimir emoções ou ter reações emocionais desequilibradas
- A falta de intimidade com um ou ambos os pais

Os efeitos da desesperança e da repressão das emoções sobre a saúde têm sido descritos por vários médicos. Entre outros, Leonard Derogatis no Hospital Johns Hopkins e Stephen Greer no Hospital Kings College de Londres evidenciaram que os aspectos da personalidade e as estratégias de como lidar com problemas eram indicadores das taxas de sobrevida em mulheres com câncer de mama. Suas conclusões são semelhantes, isto é, a estratégia de como lidar com problemas está relacionada com a sobrevida. A mais alta taxa de sobrevida tem sido associada a mulheres que podem ser descritas como possuidoras de espírito de luta, e a mais baixa com aquelas que carecem de esperança. O dr. Greer está pesquisando para descobrir se é possível mudar a estratégia, e com isso favorecer também a taxa de sobrevida.

Acredito que as estratégias *possam* ser mudadas e, quando o forem, as taxas de sobrevida mudarão também. Em nossa experiência com os nossos pacientes, vemos fortes indícios disto, apesar de que, evidentemente, existem áreas que precisam ser pesquisadas com mais cuidado. Ainda há tantas coisas a serem descobertas, não somente a respeito da relação entre a personalidade e a doença, mas também como interagir com ela e mudar a personalidade para diminuir a incidência da doença e aumentar as probabilidades de cura daqueles que já estão doentes.

No estudo sobre os aspectos psicológicos das doenças, acho que o trabalho mais importante realizado por um único pesquisador é o de Ronald Grossarth-Maticek, psicólogo iugoslavo, atualmente trabalhando na Universidade de Heidelberg, na Alemanha. Ele colaborou recentemente com o sociólogo britânico conhecido mundialmente, Hans Eysenck. Maticek começou a estudar os tipos de personalidades receptivos à doença em meados dos anos 60. Categorizou as personalidades propensas ao câncer como as de pessoas que reprimiam suas emoções e sentiam-se desesperançadas, e as personalidades propensas a doenças cardíacas como pessoas que tinham basicamente problemas em lidar com a hostilidade e a agressão.

Em um dos seus estudos, Maticek acompanhou 1.300 iugoslavos por mais de dez anos. Embora não tendo sido previamente diagnosticados, Maticek foi capaz de prever suas mortes, por câncer ou doença cardíaca, com significativa precisão do ponto de vista estatístico. Em outro estudo, dividiu as pessoas com personalidades receptivas à doença em dois grupos, dos quais a metade passou a receber aconselhamento e a outra metade não. Descobriu que podia alterar as taxas de mortalidade de câncer e de coração com aconselhamento terapêutico. Este trabalho é fascinante porque, pela primeira vez, vemos que é possível prevenir o câncer em pessoas que são psicologicamente predispostas a tê-lo, usando o aconselhamento terapêutico. Os métodos de aconselhamento utilizados por Maticek incluíam o relaxamento, a dessensibilização, a modelagem, a sugestão, a hipnose, a visualização e outras técnicas-padrão de comportamento. (Neste livro, nossos leitores terão a oportunidade de aprender algumas dessas técnicas.) Posteriormente, Maticek repetiu esses estudos com Hans Eysenck. Com apenas 6 horas de terapia de grupo, ele e Eysenck descobriram que poderiam alterar de maneira significativa as taxas de mortalidade tanto de câncer como das doenças cardíacas em geral.

Em outro estudo, Maticek e Eysenck acompanharam 24 pacientes cancerosos que completaram o programa de aconselhamento e compararam o progresso deles a 24 outros pacientes que não participaram do programa. Eles descobriram que o tempo médio de sobrevida era de cinco anos para o grupo que seguira o aconselhamento e de três anos para aquele que não o fizera. Isto permite uma boa comparação entre o nosso trabalho e aquele citado no estudo realizado em Stanford e na Universidade da Califórnia, em Berkeley.

O estudo que mais me impressionou foi o que Maticek efetuou com cem mulheres que tinham câncer de mama em estágio "terminal". Cinqüenta delas que preferiram não fazer quimioterapia foram comparadas com as cinqüenta que optaram por fazê-la. As taxas de sobrevida foram as seguintes:

• As mulheres que não receberam terapia tiveram uma sobrevida média de 11 meses.
• Entre as que receberam unicamente tratamento com quimioterapia, a sobrevida média foi de 14 meses.
• Entre as que tiveram apenas aconselhamento, a sobrevida média foi de 15 meses.
• Entre as que receberam quimioterapia e aconselhamento, a média foi de 22 meses.

Não podemos esquecer que são mulheres com câncer de mama em estado adiantado e que se trata de taxas de sobrevida médias — em outras palavras, algumas morreram mais cedo, enquanto outras sobreviveram muito mais tempo.

Os resultados obtidos por Maticek confirmam cientificamente aquilo em que muitos de nós, nesse campo, já acreditávamos e estávamos pondo em prática há muitos anos: o mais eficaz tratamento para o câncer é aproveitar o que de melhor tem a oferecer a medicina atual, como base de apoio, em conjunto com o que de melhor o aconselhamento tem a oferecer. Os resultados são mais eficientes do que quando aplicados somente a quimioterapia e outros tratamentos médicos ou apenas o aconselhamento.

A confirmação mais recente desta abordagem veio do estudo de Dean Ornish sobre pessoas com doenças coronárias, que foi comentado no *Lancet* de julho de 1990 e também no livro escrito por Ornish, *Reversing Heart Disease*. Aconselhou-se um grupo de pacientes a mudar seu estilo de vida nas mesmas áreas em que nossos pacientes são aconselhados a mudar, incluindo exercícios, dieta, relaxamento e participação em grupos de apoio. Um segundo grupo recebeu apenas o tratamento médico convencional. O dr. Ornish relatou que 82% do grupo que recebeu aconselhamento teve uma inversão do quadro. No grupo de controle, 53% dos participantes apresentaram piora.

Outro ponto importante sobre o início do aconselhamento: em que momento a terapia psicológica deve ser incorporada ao programa de saúde do paciente? Os clínicos sabem há muito tempo que existem momentos específicos em que se pode conversar com o paciente sobre as questões emocionais subjacentes à doença. Um dos grandes pesquisadores nesta área é Kristina Brode, da Alemanha.

De acordo com Brode, os pacientes que passam pelo choque de receberem o diagnóstico de um câncer ou o choque de uma recidiva após um intervalo significativo de remissão reagem geralmente com estratégias defensivas, entre elas a negação. Podem ficar surpreendentemente calmos ou fazer planos para continuar vivendo de maneira normal, como se nada tivesse acontecido. Essas estratégias defensivas devem ser respeitadas. Em outras palavras, a partir do diagnóstico inicial ou do diagnóstico de uma recidiva, o paciente talvez ainda não esteja preparado para receber aconselhamento profissional. Além do carinho e apoio, talvez o melhor para o paciente sejam as técnicas de relaxamento e de massagem suave. Entretanto, talvez seja o momento propício para que os membros de sua família ou amigos mais próximos se submetam a um trabalho intensivo de aconselhamento.

O trabalho de Brode mostra que o choque após o diagnóstico inicial dura freqüentemente de 3 a 6 meses. Reações semelhantes ao diagnóstico de recidiva geralmente duram de duas a quatro semanas. Uma das reações principais que os pacientes costumam apresentar quando saem deste período de choque e ficam prontos a assumir um papel mais ativo no processo de cura é perguntar: "O que mais posso fazer para ficar bem?" Se o aconselhamento for imposto a alguém com câncer antes de ele estar preparado, sua tendência é passar para um estado de desesperança.

O trabalho de Brode mostra a importância de respeitar o momento adequado do paciente. Por exemplo, antes de dar este livro a um parente ou amigo de uma pessoa doente, o leitor deve dar-se conta de que ele talvez ainda não esteja preparado para lê-lo. Talvez seja bom dizer que se trata de um livro que pode ser útil, mas deixar que a pessoa o peça emprestado ou decida quando irá lê-lo.

Antes de abandonar a área das provas científicas, quero falar sobre outra disciplina importante e relativamente nova, conhecida como psiconeuroimunologia. Pesquisas realizadas no passado com pacientes demonstraram claramente a relação corpo-mente, porém sem explicar como ela funciona. A psiconeuroimunologia está fornecendo algumas das respostas, ajudando-nos a compreender melhor como as emoções se traduzem em substâncias químicas (moléculas de informação), que produzem um impacto sobre o sistema imunológico e outros mecanismo de cura. Alguns dos trabalhos mais interessantes neste campo foram realizados por Candace Pert, antiga chefe de bioquímica cerebral do Instituto Nacional da Saúde Mental. Ela descobriu o primeiro receptor de neuropeptídio, um dos receptores químicos de mensagem que atuam na comunicação da emoção. Sua descoberta foi feita em 1973 e desde então mais de 50 neuropeptídios foram identificados.

Sabemos atualmente que existem pelo menos três sistemas no corpo que podem transmitir as emoções no nível físico. Um deles é o sistema endócrino, que se comunica através dos hormônios. O segundo é o sistema nervoso, ligado diretamente aos glóbulos brancos. E o terceiro é a família das moléculas de comunicação, que inclui os neuropeptídios, os neurotransmissores, os fatores de crescimento e os citocinos, que influenciam a atividade celular, os mecanismos de divisão celular e o funcionamento genético.

A partir dos novos avanços tecnológicos, os cientistas podem observar em laboratório que algumas fibras nervosas realmente terminam na superfície de algumas células sanguíneas, um indício físico de que as células brancas recebem mensagens diretas do sistema nervoso, mensagens que se originam no cérebro. As células brancas são componentes importantes do sistema imunológico do corpo e trabalham para identificar e eliminar elementos estranhos como bactérias e células cancerígenas. Portanto, agora, em laboratório, pode-se realmente observar o processo físico de como uma mensagem do cérebro influencia o sistema imunológico.

NOVAS DESCOBERTAS, NOVAS CONCLUSÕES

Do que foi exposto anteriormente, podemos ver que atualmente grande parte da pesquisa embasa as observações que afirmam que o estado de espírito influencia o surgimento e o desenvolvimento do câncer e de outras doenças sérias. Do meu ponto de vista, a pesquisa definitiva vem sendo feita para provar que a mente influencia o corpo. Acho que o mais importante a ser examinado agora é entender como a mente pode ser usada para influenciar o corpo da maneira mais eficiente possível. Nos últimos dez anos, este assunto tem sido a base do meu trabalho.

Creio que o poder da mente está além do que eu imaginava antes. Ademais, acho que fora do corpo e do espírito, existe outro aspecto da cura que precisa ser examinado: o aspecto espiritual.

Na definição encontrada nos dicionários, o *espírito* é o princípio vital, sobretudo nos seres humanos, e o lado sensitivo e motivador das nossas vidas. Trabalhar com o espírito significa expandir nossa ligação com este princípio vital. Significa fazer perguntas sobre por que estamos neste planeta e qual o nosso propósito ímpar na vida.

Nosso trabalho com pacientes vem demonstrando que a saúde inclui o corpo, a mente *e* o espírito. E, enquanto a mente sozinha pode ser usada para influenciar o estado físico, ela é usada com mais eficácia quando está consciente do espírito.

O espírito nos dá recursos que não podem ser alcançados por abordagens psicológicas tradicionais. Ele nos faz ficar receptivos a forças curadoras que vão muito além da nossa compreensão atual sobre os nossos próprios limites. E podemos aprender a trazer este poder para dentro das nossas próprias vidas.

Esta conclusão será provavelmente tão difícil de ser provada em laboratório quanto o foram minhas primeiras descobertas. Entretanto, pela nossa experiência cotidiana, desenvolvemos novos métodos de nos comunicar e trabalhar com o espírito, e tenho certeza de que o que aprendi com os meus pacientes é válido. Não me importo que leve 10, 20 ou 100 anos para prová-lo. Enquanto a pesquisa está sendo feita, vou transmitir-lhes o que sei.

Eis o resumo daquilo que aprendi:

• As emoções influenciam de maneira significativa a saúde e a cura da doença (entre elas, sem dúvida, o câncer). As emoções são uma força motriz muito forte que age no sistema imunológico e em outros sistemas de cura.

• As crenças influenciam as emoções e, ao fazê-lo, influenciam a saúde.

• Podemos influenciar de maneira significativa nossas crenças, atitudes e emoções e, como conseqüência, influenciar de maneira significativa nossa saúde.

• A forma de influenciar as crenças, atitudes e emoções pode ser ensinada e aprendida através de uma variedade de métodos disponíveis e acessíveis.

• A harmonia — o equilíbrio entre os aspectos físico, mental e espiritual do ser humano — é básica para a saúde. Isto se aplica não só à saúde da mente e do corpo da pessoa, mas também aos seus relacionamentos: consigo mesma, com a família, os amigos, a comunidade, o planeta e o universo.

• Temos tendências (genéticas, instintivas) e habilidades inerentes que nos ajudam a ir em direção da saúde e da harmonia.

• Essas habilidades inerentes podem ser desenvolvidas e implantadas de maneira útil, usando-se técnicas e métodos disponíveis.

• Enquanto essas habilidades inerentes são estimuladas, a proficiência desenvolve-se, como em qualquer outra capacidade de aprendizado. O resultado é maior harmonia e melhor qualidade de vida que produzem um impacto mais significativo sobre o estado de saúde.

• Esse aprendizado também modifica nossa relação com a morte, venha ela quando vier, atenuando nosso medo e nossa dor; libera mais energia para contribuir com nossa cura e para que possamos viver plenamente o dia de hoje.

Antes que o leitor aceite essas observações ou as rejeite, quero pedir que use este livro para examinar se o que eu aprendi aplica-se também ao seu caso. Tire suas próprias conclusões baseando-se em sua experiência pessoal.

Não decida previamente que as suas atuais crenças sobre o lado "espiritual" o excluem deste trabalho. Tratamos muitos ateus e eles sempre conseguiram encontrar termos para definir as suas experiências, que fossem confortáveis e significativos para eles.

Também gostaria de lembrar que não estou pedindo que recuse as indicações dos médicos. Na verdade, grande parte do nosso trabalho consiste em ajudar as pessoas a cooperarem de maneira mais ativa em seu tratamento e com a sua equipe de saúde. Mas, estou sugerindo que você vá mais adiante para influenciar a sua própria saúde.

Como alguns dos conceitos relacionados à integração corpo/mente/espírito podem parecer difíceis no início, pretendemos demonstrar como eles interferiram na experiência de um antigo sobrevivente do câncer, Reid Henson. Trata-se de um homem que recebeu o diagnóstico terminal em 1979 e a quem foi dito que não existia nenhum tratamento eficiente para seu tipo de câncer e, apesar disto, encontra-se vivo e bem-disposto até hoje.

A experiência de Reid pode nos ensinar muito sobre a dinâmica do câncer. Podemos observar simultaneamente o motivo que o levou a adoecer — e por que todos nós estamos vulneráveis ao câncer — e o motivo que o curou, recorrendo a uma capacidade que todos nós possuímos. É uma ótima oportunidade de examinar e aprender aquilo que vai nos ajudar a entender o processo do desenvolvimento do câncer e como ficar curado. Não vamos, com isso, excluir o que aprendemos com os estudos médicos e científicos sobre o câncer, mas agregar a eles um novo conhecimento.

Reid é um paciente de câncer muito interessante, pois passou mais de dez anos estudando a sua doença em relação à sua vida e à Vida, com "v" maiúsculo. Nos últimos anos, ele vem compartilhando o que aprendeu, em cartas que escreve a pacientes cancerosos. Neste livro, vamos ler essas cartas, cheias de idéias, percepções e sugestões práticas. Após cada conjunto de cartas, pretendo apresentar outras percepções sobre o processo de cura de Reid e também idéias e sugestões práticas de como lidar com o câncer e com os desafios da doença.

Ao contrário da pesquisa estatística, aberta a interpretações por vários especialistas, esperamos dar a todos a oportunidade de estudar a doença e a cura de uma forma que seja significativa e útil em cada situação individual. Descobri que os pacientes com freqüência entendem melhor aquilo que descobrem por si mesmos.

Quando o leitor se perguntar se o fato de fazer ou não o trabalho apresentado neste livro será útil, estará no caminho da saúde. Espero que continue curioso até descobrir o que é necessário para saber como influenciar o curso da doença e também como melhorar a qualidade total da sua vida.

2

O testemunho de um paciente
A cura milagrosa de Reid Henson

Conheci Reid Henson e sua mulher, Jana, em 1979 quando ele participou de uma série de sessões no nosso Centro. Reid continuou a corresponder-se comigo após ter terminado as sessões, comunicando-me seus progressos e problemas e também o seu interesse no que finalmente tornou-se o conjunto de cartas para pacientes cancerosos. Como já trabalho com ele e venho observando seu processo de cura por mais de dez anos, conheço bem a sua história. Embora vá falar sobre Reid do meu ponto de vista como médico especializado no tratamento de câncer, achei que seria interessante que ele mesmo contasse suas experiências com a doença.

A HISTÓRIA DE REID

Em 1979 recebi o diagnóstico de que estava com uma forma rara de câncer, leucemia das células reticulares, e disseram-me que tinha, no máximo, dois anos de vida. A comunidade médica não tinha como me tratar de maneira eficaz na época. Mas, antes de relatar minha experiência com o câncer, gostaria de falar um pouco sobre a minha vida antes do diagnóstico.

Nasci em Gainesville, Flórida, em 1939, o terceiro filho dos meus pais. Nossa família vivia modestamente, por isso morei na casa dos meus pais até me casar. Freqüentei a escola em Gainesville e me formei na Universidade da Flórida em 1962, saindo com mestrado em administração. Participei do programa R.O.T.C. e fui para a Força Aérea logo após a formatura. Depois do serviço militar, trabalhei no departamento de finanças de uma grande companhia de automóveis em Detroit, onde recebi um longo treinamento e adquiri experiência na aplicação de tecnologia da informática em problemas administrativos. Mais tarde, tornei-me consultor de administração, especializando-me na aplicação da informática no campo de marketing, vendas e distribuição.

Em 1975, mudei-me para Chattanooga, Tennessee, para trabalhar em uma grande firma engarrafadora de refrigerantes. Meu trabalho consistia principalmente em organizar uma empresa administradora para fiscalizar as operações de engarrafamento em diversos estados. No primeiro ano, passei apenas 13 noites no meu apartamento de Lookout Mountain (perto de Chattanooga). Estava divorciado há vários anos e, naquele momento da minha vida, o trabalho era uma válvula de escape para mim. Quando não estava trabalhando, passava o tempo fazendo ginástica e praticando esportes. Estava em ótima forma para um homem de 40 anos e namorava com freqüência.

Como podem imaginar, o meu trabalho, a ginástica e os namoros absorviam grande parte do meu tempo e energia, de forma que não precisava pensar muito na minha vida, que se tornara complicada e estressante nos anos que precederam minha mudança para Chattanooga. Não me dei conta de que tinha dificuldades emocionais decorrentes da morte do meu filho menor, havia mais de dez anos, assim como do meu casamento fracassado. Nem ligava para essas questões. Por outro lado, meu primeiro filho tornara-se um problema para minha ex-mulher e, no final, para mim também.

Antes de me mudar para Chattanooga, quando Rob tinha 14 anos, ele havia passado o verão comigo em Denver, Colorado. Sua mãe estava tendo muitas dificuldades em lidar com ele, mas quando estávamos juntos, ele parecia quase angelical — até aproximar-se a época de ele voltar para a casa da mãe, no outono. Ele me pediu para ficar em Denver. Aliás, implorou, mas eu insisti para que voltasse, achando impossível que pudéssemos viver juntos, pois trabalhava muito e viajava demais a maior parte do tempo. Poucos dias antes da data marcada para a sua volta, eu estava no trabalho quando recebi um telefonema da polícia. Eles haviam detido o meu filho, após uma briga com outro adolescente. Fiquei profundamente chocado com o seu comportamento. Prometi pagar as contas do médico do adolescente que ele surrara, paguei a fiança do meu filho e coloquei-o no avião de volta para Atlanta, após ter prometido trazê-lo de volta ao Colorado, para a audiência com o juiz.

Ao chegar à casa da mãe em Atlanta, o comportamento de Rob foi de mal a pior. Finalmente, depois que me mudei para Chattanooga, minha ex-mulher insistiu para que eu aceitasse viver com ele. Eu ainda viajava muito e sabia que ele precisava de alguém por perto para vigiá-lo constantemente. Matriculei-o em um internato masculino de Chattanooga. Alguns meses depois, ele foi expulso. Suspeitava-se de que estivesse envolvido com drogas, mas não pude acreditar nisso. Ele jurou que era inocente.

Matriculei-o em outra escola, de onde também foi expulso. Não consegui entender o que havia de errado com ele e, pelo jeito, ele também não. Ele dizia, "Papai, sinto muito ter feito coisas que o chateiam ou constrangem, não foi de propósito. Não sei por que fiz isso".

Vou descrever apenas um episódio para que possam ver as coisas pelas quais ele e eu passamos. Passei uma semana numa difícil viagem de negócios e, quando voltei, encontrei meu apartamento, que me havia custado uma vida de economias, totalmente destruído. Era óbvio que meu filho havia dado uma festa bastante selvagem durante a minha ausência, sem que tivesse tido o cuidado de limpar a bagunça e esconder o fato, para evitar uma briga comigo. Fiquei paralisado de surpresa. Parecia que alguém tinha roubado a lixeira de um bar e derramado o que havia dentro na sala de estar. Além disso, alguém havia feito vários buracos na parede da sala. Tive de esperar muitos dias para encontrar meu filho e poder brigar com ele. Naquela época, ele desaparecia por dias seguidos, dizendo que estava dormindo na casa de um ou outro amigo.

Ele parecia muito surpreso em ver como as coisas tinham escapado ao seu controle, e eu também. Como nas vezes anteriores, ele pediu desculpas e parecia estar realmente arrependido do que tinha feito. Disse-me mais de uma vez, "Papai, não sei por que faço esse tipo de coisas". E, mais uma vez eu respondi: "Não venha com essa conversa. Nunca fiz esse tipo de coisa quando tinha a sua idade".

Certa ocasião, ele telefonou e me perguntou se eu queria comer uma pizza com ele, depois do trabalho, e respondi, "Claro, adoraria". Ele nem apareceu. Incidentes parecidos passaram a acontecer com freqüência desde então.

Depois, desapareceu durante meses. Passei esse tempo sentindo todo o tipo de emoções possíveis. Em um momento estava com tanta raiva dele que queria matá-lo, em outro ficava morto de preocupação, pensando que podia estar doente e sem coragem de me telefonar, ou quem sabe, até morto. Mas, finalmente ele voltou, apenas para desaparecer outras vezes por longos períodos.

Depois de me ouvir falar sobre os problemas que tinha com meu filho, um dos psicólogos da empresa, que lidava com problemas relacionados a drogas e álcool, disse que se tratava da história típica do adolescente que está profundamente envolvido com drogas. Não acreditei nele — o comportamento de Rob era terrível, mas achei que era apenas um adolescente selvagem de 17 anos. Não conseguia acreditar que era um drogado. Entretanto, enquanto o consultor continuava a falar, comecei a perceber que meu filho tinha realmente todos os sintomas e eu não conseguia enxergar que as drogas eram responsáveis por uma parcela dos seus problemas. Evidentemente, eu não conhecia bem o assunto naquela época. Como eu já o havia mandado a um psicólogo e tentado disciplinar-lo de todas as formas que conhecia, mandei-o encontrar-se com o psicólogo da empresa. Dei a meu filho várias opções — uma passagem só de ida para qualquer lugar, o serviço militar, uma audiência diante de um juiz para que fosse internado em um reformatório para menores incorrigíveis, ou a participação em um programa para drogados. Após ter examinado suas opções durante alguns minutos e ter dado inúmeras desculpas para recusar cada uma delas, insisti em que ele escolhesse. Ele escolheu o tratamento em um programa para drogados.

Passei por momentos terríveis lidando com o fato de que meu filho tinha-se envolvido com drogas. Achei que tinha arruinado a vida dele e me senti muito culpado por isso. Finalmente, dei-me conta de que ele tinha pedido ajuda naquele verão em Denver e eu o havia rejeitado. Achei que tudo era culpa minha. Lembro-me de estar sentado no meu apartamento de Lookout Mountain, lendo uma revista onde havia um artigo sobre leucemia. Pensei: "Mereço algo assim por ter acabado com a vida do meu filho". Mas, como era o meu estilo na época, logo me ocupei com outras atividades e tentei tirar esse pensamento da minha mente.

Naquela época, cuidava muito da minha saúde física, mas pouco do que estava acontecendo comigo mentalmente e não me importava com o aspecto espiritual. Acho que isto resume bem o meu estado de espírito quando iniciei minha experiência com o câncer. Atualmente, não tenho mais dúvidas de que a minha incapacidade de lidar de maneira eficaz com o estresse na minha vida abalou minha vontade de viver e afetou minha saúde. Os anos seguintes foram os mais difíceis que passei. Por outro lado, também foram essencialmente interessantes, empolgantes e mudaram a minha vida.

Em outubro de 1978, fui a uma clínica bem conhecida do Texas, para fazer meus exames físicos anuais. Todos os anos submetia-me a um check-up completo e passava pelos testes sem problema. Desta vez, fiz bem todos os testes de força e resistência, mas havia problemas com os resultados do meu exame de sangue. Sentia-me ótimo, e não me preocupei e os médicos também não. Mas, alguns meses depois, notei uma queda drástica na minha resistência física.

Como mantinha um registro da quantidade de exercícios que praticava, eu sabia que tipo de desempenho eu tinha diariamente. Atribuí as mudanças ao fato de estar cansado ou resfriado. Claro que eu não sabia realmente o que estava provocando a diferença, mas sabia que minha resistência tinha caído muito. Este foi o primeiro indício do câncer no meu corpo.

Em retrospectiva, é interessante para mim notar que a mudança profunda na minha forma física aconteceu alguns dias após uma experiência bastante desagradável nos negócios. Em resumo, eu me senti destratado após ter feito um trabalho excelente com a melhor das intenções. Eu tinha grandes problemas relacionados a injustiça, quer comigo quer com outras pessoas. Lembro-me de ter pensado que a minha vida estava ficando cada vez mais difícil.

Na primavera de 1979, peguei um resfriado atrás do outro, depois tive gripe e senti-me esgotado, sem conseguir eliminar o que estava acabando comigo. Finalmente, fui ver o médico da empresa, que clinicava na cidade e me fora muito bem recomendado. Achei que ele podia me ajudar a "me colocar em forma".

Depois de vários testes, o médico me deu más notícias. Ele não sabia exatamente o diagnóstico final, mas disse-me que podia tratar-se de câncer e queria que eu fosse examinado por especialistas.

Eu não pretendia, o que era bem típico de minha parte, contar a ninguém que estava com problemas de saúde. Mas, havia uma pessoa de quem eu não podia esconder o que estava acontecendo. Já estava saindo havia algum tempo com Jana, que depois tornou-se minha mulher. Não podia continuar saindo com ela, sem lhe contar o que estava acontecendo. Ela insistiu em me acompanhar quando fui fazer os exames no hospital.

Meu médico me mandou a um grande hospital universitário onde havia o grupo mais bizarro de pessoas que eu já conhecera. Os funcionários administrativos eram desorganizados e antipáticos. Em cada uma das salas de espera, sentavam-se pessoas com doenças em vários estágios, junto de seus parentes, nitidamente exaustos. Como raramente eu adoecia, achei o ambiente desanimador. Estava sempre me perdendo, e os testes, bastante desagradáveis, eram feitos em andares diferentes. Era tudo confuso, muito cansativo e extremamente desconfortável.

Um dia de manhã, Jana e eu fomos mandados para um cubículo onde um médico estava nos esperando. Era o especialista que havia sido contactado pelo clínico, mas eu nunca o havia visto antes. Ele estava sentado diante de uma pequena mesa com o resultado da bateria de testes, mexendo nos papéis e parecendo muito sério e preocupado. De repente, pulou da cadeira, correu para o corredor e gritou para outro médico: "Ei, Rick, temos outro caso de leucemia das células reticulares que eu consegui diagnosticar pelo telefone — o que acha disto?"

Foi assim que descobri que estava com câncer. Foi um profundo choque tanto para mim como para Jana perceber que uma pessoa fosse tão insensível a ponto de se vangloriar com o seu colega de que havia feito o diagnóstico pelo telefone. E lá fiquei eu, entre a cruz e a caldeirinha. Ele era considerado um dos melhores especialistas da área e eu precisava da sua ajuda para melhorar minha saúde, mas o estava detestando pela forma como havia me tratado.

Ao voltar à sala, ele sentou-se e começou a me dizer que eu estava com câncer, infelizmente do tipo leucemia das células reticulares, uma doença terminal. Ele disse estar surpreso que uma pessoa da minha idade (40 anos) tivesse essa doença e observou que, como pouquíssimas pessoas sofriam desta forma de câncer, não havia recursos destinados para pesquisas. Disse ainda que não via por que me dar esperanças e que eu teria uns dois anos de vida, na melhor das hipóteses. Ele falou que provavelmente não seria a leucemia que iria me matar, mas complicações advindas de uma pneumonia ou de outra infecção. Depois resumiu tudo:

"Sabe, eu gostaria de morrer jogando tênis aos 95 anos, correndo atrás das garotas e me divertindo muito, mas nem sempre isso é possível. Às vezes, surgem problemas e infelizmente você é daquelas pessoas com problemas, e as suas perspectivas não são animadoras. Pegue os seus exames e vá até a mesa tal..."

E isso foi tudo.

Lembro-me que a minha primeira reação foi de choque e raiva profunda, mas logo depois de ouvir a notícia, lembrei de algo em que havia pensado no ano anterior.

Lembrei-me de estar sentado no meu apartamento de Lookout Mountain, ruminando os meus problemas e pensando que merecia ter leucemia por ter arruinado a vida do meu filho. Seria apenas uma terrível coincidência ou havia uma ligação verdadeira entre o profundo sentimento de culpa e o diagnóstico? Mesmo tendo sempre acreditado piamente no poder da mente, era apavorante perceber o que eu tinha feito sem querer. (Muito tempo depois, um psicólogo concordou que o meu processo tinha sido realmente perigoso.)

Pode parecer uma reação fria e analítica às notícias que eu estava recebendo, mas fora assim que lidara com os problemas a minha vida toda. Não que não estivesse apavorado com a idéia de morrer — sem dúvida estava — mas a minha tendência natural era ser analítico.

Estávamos no verão de 1979 e Rob voltara a viver comigo, após passar pelo programa no centro de tratamento de drogas e de ter vivido em uma comunidade terapêutica em Houston durante algum tempo. Infelizmente, o seu comportamento estava ficando cada vez pior à medida que os dias passavam. Depois da confirmação do diagnóstico, conversei com ele, esperando que o inspirasse a ter mais consideração e mais responsabilidade em relação a si mesmo, já que eu estava ocupado com outras coisas.

As pessoas que cuidavam da comunidade terapêutica em Houston, onde ele ficara, queriam abrir uma nova comunidade terapêutica em Chattanooga e eu as ajudei na empreitada. Neste ponto, ainda estava concentrando meus esforços em coisas externas a mim mesmo. Eu não sabia o que fazer por mim, então pensei que Deus iria ver que eu estava ajudando outras pessoas com um projeto importante e me daria um pouco de consideração extra.

Também continuei a trabalhar, achando que era melhor mergulhar de cabeça no trabalho. Contei ao meu chefe sobre o câncer e também a algumas pessoas que trabalhavam comigo. Tive um pensamento meio louco de que se as pessoas me vissem trabalhar apesar de estar morrendo de câncer, estaria pelo menos dando um bom exemplo. Mas, não levou muito tempo para eu perceber que estava me matando de trabalhar sem fazer nada para resolver os problemas da minha vida. Tive muita sorte nos primeiros anos, pois meu chefe e colegas tiveram grande consideração por mim.

Um mês após o diagnóstico, Jana me disse que queria que casássemos. Ela disse que queria estar comigo para partilharmos todo o tempo que ainda sobrava da minha vida. Disse que estava apaixonada por mim e queria aceitar o desafio de me ajudar a enfrentar a doença. Mas não queria ficar comigo como namorada, queria ser minha mulher. Ela achava que sua vida se enriqueceria, fazendo parte desta experiência, não importando o que acontecesse.

Eu achava que não havia nada de mais louco do que casar, quando eu estava, supostamente, às portas da morte. Apesar, ou quem sabe, pelo fato de ter me apaixonado por Jana, não achava justo colocá-la no meio da confusão que eu havia criado. Por outro lado, sabia que precisava de ajuda e não queria contar a meus pais sobre o meu estado de saúde. Ambos eram idosos e não via utilidade em contar o que acontecera. Tinha medo de não conseguir passar pela experiência sozinho e Jana parecia realmente interessada em aceitar o desafio. Assumi o casamento, acho que Jana também, com a total ingenuidade quanto à amplitude do desafio que iríamos encarar. Casamo-nos no dia 1º de setembro de 1979. Nos anos seguintes, desenvolvi um profundo amor e respeito em relação à minha mulher.

Convidei Rob para o nosso casamento e ele continuou a viver comigo e Jana, depois de nos casarmos. Mas, passou-se pouco tempo até eu encontrar drogas no seu quarto, e os psicólogos da comunidade terapêutica insistiram para que eu dissesse a Rob que saísse de casa. Ele foi embora, deixando para trás um profundo sentimento de raiva entre nós.

Eu havia decidido que queria viver e, retrospectivamente, essa foi uma das mais importantes decisões que tomei durante a minha experiência com o câncer, sendo, para mim, uma grande virada. Eu sentia que, já que eu mesmo tinha me colocado naquela situação, eu mesmo poderia sair dela. Essa não é mais minha opinião, mas era naquele tempo.

Embora eu tivesse medo de morrer, o medo não era imobilizador e sim estimulador — eu me via indo rapidamente em direção à morte, a não ser que eu reagisse de maneira firme para tomar outra direção. Eu trabalhava no ramo de consultoria há anos. Estava habituado a enfrentar situações problemáticas, a reunir muitas informações e depois estabelecer as etapas necessárias para resolver a situação. Como esses métodos deram certo no meu trabalho, estava determinado a usar a mesma abordagem com o câncer. Decidi que, ao invés de ficar sentado esperando a morte, ia me informar sobre o que poderia fazer para enfrentar a doença.

Se bem que eu não consiga me lembrar de todas as coisas que fiz, ou pelo menos a ordem em que as fiz, posso falar sobre algumas das áreas que estudei e minhas reflexões a respeito.

No final do outono de 1979, alguém me deu o livro escrito pelo dr. Simonton, *Com a vida de novo*. Eu o li com muita animação, pois ali encontrei muitos pontos em que eu também acreditava. Telefonei para o Centro Simonton para o Tratamento de Câncer e Jana e eu nos inscrevemos no primeiro horário disponível. O trabalho que fizemos no Centro foi o início de um imenso esforço para encontrar uma reação contra o câncer que funcionasse no meu caso.

Uma das melhores coisas a respeito do programa do dr. Simonton foi que despertou em mim uma sensação de esperança. Tinha diante de mim um médico que sabia tanto ou mais do que os especialistas que eu havia consultado. Ele já havia tratado muitos pacientes cancerosos com um diagnóstico "terminal" e achava que eu tinha chances de vida. Quem podia afirmar que ele não estava certo e que os outros médicos estavam errados? Ele dizia o que eu queria ouvir, ele dizia que havia uma possibilidade. Além do mais, deu-me instrumentos concretos para lidar com o câncer. Dentre as coisas importantes que levei para casa estavam um plano de dois anos para recuperar minha saúde e ter coragem de pedir ajuda a pessoas em quem não havia pensado antes. E, o mais importante de tudo, levei para casa uma grande vontade de viver.

Voltei para Chattanooga e comecei um trabalho com um psicólogo para lidar tanto com os problemas que começaram a aparecer como resultado da minha doença, como com outros problemas pessoais que havia ignorado por muito tempo. Eu nunca tinha ido a um psicólogo ou psiquiatra antes e nunca cheguei a entender de verdade como era o trabalho deles. Aliás, a minha primeira reação foi pensar: "Não sou maluco, estou doente. Não preciso de psicólogo". Entretanto, conheci vários psicólogos na minha cidade que me ajudaram muito e percebi que minha mulher estava totalmente disposta a me acompanhar, sempre que necessário, e a trabalhar junto comigo.

Além dos psicólogos, a primeira de uma série de pessoas que me ajudaram durante a minha doença foi um homem que havia sido médico, mas que atualmente era o que se chama de curandeiro espiritual. Fui apresentado a ele pelas pessoas que cuidavam da comunidade terapêutica que ajudei a fundar em Chattanooga. Lá, me sugeriram que fosse vê-lo, mas não explicaram direito o que fazia. Levei algum tempo até entrar em contacto com ele, mas como meus amigos continuaram a insistir, finalmente concordei em me encontrar com ele.

Quando telefonei e disse quem eu era, ele respondeu: "Sei quem você é". Contei alguns detalhes sobre a minha doença. Fiquei chocado quando ele me perguntou de maneira muito franca: "Então, você quer continuar a viver?" E eu respondi: "Quero muito". Sendo assim, ele disse que poderia me ajudar. Pediu-me que ficasse calmo e não me preocupasse. Achei que ele era louco.

Chegava o momento de voltar ao hospital para fazer um exame geral e mais testes para saber o progresso da doença. Sabia que meus médicos estavam muito preocupados com a contagem dos glóbulos sanguíneos. Pensei que já que a data para o exame estava próxima, eu deveria telefonar para o curandeiro e perguntar se ele precisava de mais informações ou se queria ver meu prontuário. Eu sequer entendia como era possível que ele me ajudasse sem me ver e os meus amigos da comunidade terapêutica nem tentaram me explicar. Portanto, liguei e falei sobre o que estava me preocupando. Ele respondeu que já tinha começado o trabalho comigo e que quando eu voltasse ao hospital haveria uma mudança espantosa, uma melhora fantástica. Não acreditei muito, mas contei a Jana o que ele havia dito.

Voltamos ao hospital, onde passei por toda a bateria de testes e mais uma vez o médico me chamou à sua sala. Ele disse: "Sr. Henson, está tomando algum tipo de vitamina ou remédios que eu desconheça?" Respondi que não. Ele continuou: "Está fazendo algum tipo especial de exercícios?" Mais uma vez disse que não. Ele perguntou ainda: "Está fazendo algo fora do normal que não seja do meu conhecimento?" Eu disse que não. "Bem, houve uma mudança milagrosa no seu sangue que não consigo entender. Se continuar assim, em pouco tempo não precisará mais de nós".

Jana e eu nos olhamos. Depois, saímos do consultório e ficamos sentados no carro diante do hospital e choramos durante muito tempo. Choramos de alegria. Tivemos uma sensação profunda de que o curandeiro era uma pessoa especial. Não fazia sentido. Mas, sabia que em minha visita anterior os médicos pouco, ou nada, haviam dito sobre o que poderia ser feito por mim, e depois falei ao telefone com uma pessoa desconhecida que estava do outro lado do país que me disse que eu ia melhorar, *o que realmente aconteceu*.

Mais tarde, o curandeiro me mandou uma série de lições que me levaram a estudar o meu próprio processo mental. Este trabalho pessoal estava ligado ao estudo da Bíblia e à oração. Durante a maior parte da minha vida, nada quis ter com a religião, mas cada vez mais essas coisas tornavam-se importantes para mim.

Depois dessa experiência, comecei a estudar o trabalho de outros tipos de curandeiros. Um dos psicólogos de Chattanooga recebia de vez em quando uma senhora que vinha de Atlanta para fazer leituras psíquicas. Fui a uma das sessões e fiquei impressionado com o que ela fazia.

Pouco depois, conheci outra mulher que estava fazendo palestras em Atlanta sobre leituras psíquicas. Fiquei surpreso ao saber que ela ensinara métodos alternativos de cura em uma famosa faculdade de medicina. Não pude confirmar se ela realmente chegara a curar alguém, mas diziam que ela chegara a curar muitos casos de câncer. Por causa das suas experiências e intuições pedi-lhe para trabalhar comigo. Passamos a nos encontrar uma vez por semana, durante seis meses. Em geral, ela simplesmente colocava suas mãos sobre mim, ou às vezes sugeria algo que eu deveria comer ou algum exercício especial.

Certa vez, ela mencionou que os seus poderes de cura aumentavam bastante perto das pirâmides do Egito. Quando soube que ela estaria no

Egito, na mesma ocasião em que Jana e eu estaríamos viajando pela Itália, comprei uma passagem para ir ao Egito, para uma sessão no interior de uma das pirâmides. Nessa ocasião, Jana e eu tínhamos nos tornado amigos do médico da cidade e de sua esposa e íamos viajar com eles. Convidei o meu médico para assistir à sessão de cura.

A curandeira nunca me tocou diretamente, embora durante toda a sessão de cura eu tenha sentido como se estivesse me tocando de maneira poderosa. Nos pontos em que pensava ter sentido o peso das suas mãos, surgiram manchas vermelhas do tamanho da ponta de uma borracha de lápis. Meu médico a viu mexer de um lado para o outro e afirmou que ela nunca chegara a me tocar. Ela me explicou que trabalhava no que é chamado de campo de energia ou aura humana. Em todo caso, explicou que o método iria revitalizar o processo de cura natural, para poder expulsar as toxinas acumuladas no meu corpo. Não sei se foi a purificação, mas depois me senti mais doente do que jamais havia me sentido. Vomitei durante toda a minha estada na Itália. Portanto, não sei dizer se a curandeira me ajudou ou piorou a minha saúde, mas da mesma forma que no passado, tive uma profunda reação física após o trabalho que fez comigo.

Além dos curandeiros, também passei bastante tempo lendo Edgar Cayce, um dos mais bem documentados videntes dos Estados Unidos. Seus dossiês e estudos encontram-se em uma biblioteca em Virginia Beach, onde existe uma organização baseada em seu trabalho, a Associação para Pesquisa e Iluminação (Association for Research and Enlightement — A.R.E.). Em linhas gerais, a esposa de Cayce o colocava em transe e ele passava a diagnosticar os problemas das pessoas que o procuravam. (A maioria delas, ele jamais chegou a conhecer pessoalmente.) Depois, ele indicava algum tipo de terapia, que incluía geralmente um processo natural, tal como uma mudança na alimentação ou exercícios físicos. As pessoas que seguiam seus conselhos obtinham grande melhora. Milhares de casos foram documentados.

Jana e eu decidimos participar de uma das sessões de fim de semana da A.R.E. Ficamos ainda mais impressionados com a realidade da cura espiritual. Não conseguia entender o que acontecia, mas tive a certeza de que havia muitos aspectos da cura que iam além do ponto de vista tradicional da medicina.

Durante os três ou quatro dias seguintes, passei muitas horas estudando o efeito da mente sobre o corpo. Cheguei a me matricular na faculdade da cidade e a começar um curso de mestrado em psicologia.

Li sobre pessoas que faziam coisas extraordinárias sob hipnose, mas não tinha confiança na figura do hipnotizador tradicional. Os que conhecia estavam mais preocupados em ajudar as pessoas a modificarem seus hábitos, como parar de fumar ou emagrecer. Eu sentia que os meus problemas eram profundamente diferentes e decidi que os hipnotizadores comuns não sabiam mais do que eu como usar a hipnose para curar câncer. Resolvi criar o meu próprio programa. Tinha lido vários livros sobre hipnose e auto-hipnose e um psicólogo deu-me algumas idéias sobre como adaptar as informações que obtive para meu uso pessoal.

Gravei algumas fitas. No início de cada fita, lia as etapas de relaxamento progressivo indicadas em um livro sobre hipnose. No final, lia as etapas para sair do estado de relaxamento. No meio da fita, eu dava a mim mesmo as informações necessárias para lidar com um problema específico. Por exemplo, às vezes me sentia culpado do vício do meu filho. Então, escrevia tudo o que estava sentindo e gravava o que havia escrito. Depois, agradecia a minha mente por ter feito tantas coisas maravilhosas por mim, durante toda a minha vida. Depois, dizia algo como: "Sei que estou enfrentando uma dificuldade. Como você [minha mente] tem sempre sido minha aliada a vida inteira, ajudando-me em todos os momentos difíceis, vou ficar em silêncio e escutar o que você tem a me dizer para me ajudar". Ficava cerca de cinco minutos em silêncio, esperando a resposta da minha sabedoria interior.

Descobri que esse método era muito poderoso para entrar em contato com o meu subconsciente. Ao usá-lo durante um longo período, aprendi muitas coisas sobre os meus processos mentais.

Além da hipnose e do relaxamento progressivo, estudei vários temas relacionados. Por exemplo, fiquei curioso em conhecer um pouco mais sobre vodu. Descobri que em algumas partes do mundo, o vodu parecia ter uma verdadeiro poder de vida e de morte sobre as pessoas que nele acreditavam.

Também li sobre indivíduos que conseguem caminhar sobre carvão em brasa no ex-Ceilão, sem se queimarem. Refleti sobre o fato de os habitantes de Chattanooga, onde moro, não serem capazes de fazer o mesmo. Parecia-me que as verdadeiras diferenças se encontravam nos sistemas de crença, que, por sua vez, eram em grande parte produto da nossa cultura. Mais tarde, ao conversar com o dr. Simonton, descobri que, em menos de uma hora, ele tinha conseguido aprender a caminhar sobre carvão em brasa.

Li sobre os aborígenes australianos e suas incríveis capacidades de rastreamento. Através de um processo que inclui contato espiritual, eles são capazes de seguir os passos de alguém anos depois que suas pegadas foram eliminadas pela chuva e areia.

Li também sobre vários mestres orientais e estudei, mesmo que superficialmente, algumas religiões orientais. Comprei um curso de ioga por correspondência e cheguei a me interessar bastante por essa ciência.

Todas essas leituras pelo menos me mostraram que quando eu encontrava um livro que dizia possuir a verdade sobre algo, quase sempre encontrava outro que procurava demonstrar o contrário. Fiquei convencido de que o ser humano podia acreditar em praticamente tudo, e aquilo em que acreditava tinha muito a ver com a sua vida e saúde. Observei que existem muitas coisas sobre a mente e o espírito que o ser humano ainda não percebeu.

Além dos métodos de cura alternativos, também experimentei terapias tradicionais.

Em 1980, meus médicos aconselharam-me a retirar o baço, para evitar a ruptura do órgão, uma possibilidade perigosa para alguém que sofria de leucemia. Eles me asseguraram que se tratava de uma intervenção simples e recomendaram que fizesse a operação quando minha contagem sanguínea estivesse boa, ao invés de esperar que ela baixasse, quando a operação se tornaria obrigatória e arriscada. Decidi que valia a pena cooperar. A operação foi terrível, mas evitou a ruptura do baço.

Logo no início da doença comecei a tomar vitaminas. Um parente meu, cirurgião que deixara a profissão por causa de um acidente que sofrera na perna, passou a trabalhar com vitaminas e nutrição. Sempre acreditei muito em vitaminas e pedi que organizasse um programa para mim. Achei que no processo natural de luta contra o câncer o meu organismo talvez estivesse usando quantidades excessivas de um ou outro ingrediente, o que poderia criar um desequilíbrio químico. Se meu organismo precisasse de alguns nutrientes ou vitaminas eu poderia compensar com um suplemento delas. Não se trata de uma explicação médica, mas simplesmente no que passei a acreditar. Na minha opinião, as vitaminas ajudaram-me bastante.

Claro, os médicos do hospital recusaram-se a acreditar nos possíveis efeitos das vitaminas, dizendo que o único resultado era que minha urina ficaria mais cara. Mas o que sei é que se esperava que eu tivesse resfriados e infecções por causa da baixa de imunidade, mas não tive nada disso. Na verdade, Jana mencionou várias vezes a sua surpresa por pegar mais resfriados do que eu. Assim como havia feito com outros tratamentos, aprendi a pedir à minha sabedoria interior que me indicasse do que eu precisava, e tomava as vitaminas que me sentia orientado a tomar.

Apesar de todos os estudos e do trabalho árduo, dois anos depois, no verão de 1981, eu não estava indo muito bem. Os testes mostraram que o câncer estava tomando a dianteira. Parecia que os médicos tinham razão em dizer que eu teria apenas mais dois anos de vida. Comecei a trabalhar mais ainda, até chegar ao ponto em que passava praticamente todas as horas do dia lutando contra a doença e tentando descobrir o que fazer em seguida.

Minha mulher ficou ao meu lado, apoiando todos os meus esforços com compreensão e entusiasmo. De vez em quando, ela buscava me afastar de algo que achava que não valia a pena tentar. Em certo momento, me disse que eu estava passando muito tempo meditando e tinha medo de chegar em casa um dia e me encontrar com uma fralda de pano e um turbante na cabeça. Depois de conversarmos, ela concordou que eu devia continuar a fazer o que achasse melhor, mesmo que, aos olhos dela e dos outros, pudesse parecer ridículo. Simplesmente, não consigo expressar o que significou para mim ter Jana como minha aliada na luta contra o câncer.

Em agosto, eu estava muito doente e meu filho meteu-se em encrencas sérias. Um dia, minha ex-mulher telefonou para dizer que ele tinha sido preso, desta vez, pela polícia federal. Ela queria que eu fosse a Atlanta para pagar a sua fiança e contratar um advogado. Fiquei furioso e estava cheio de Rob e dos seus problemas. Senti que chegara o momento de ele pagar por ter infringido a lei, como eu teria de pagar, se estivesse no seu lugar. Não via como ele poderia aprender a lição de outra forma.

No trabalho com o primeiro curandeiro, comecei a praticar a oração como forma de resolver meus problemas. Agora, ao orar por meu filho, senti uma imensa vontade de escrever algo. Peguei um lápis e pedaço de papel e escrevi durante algum tempo. Senti que o meu estado de consciência estava diferente do normal, uma consciência acordada e, mais tarde, ao olhar para o papel, não me lembrava do que escrevera.

Sou o Criador dos céus e da terra e de todas as criaturas que aqui vivem. Sim, fui eu quem criou os processos reprodutores de todas as coisas vivas. Saiba que eu predeterminei que a sua função fosse exatamente o que é.

Compreenda que você é um dente na engrenagem da preservação da raça humana no ambiente da terra. Você deverá observar, entretanto, que é apenas parte do meu grande plano. Portanto, como pode pretender ser o dono dos frutos do meu trabalho? Não, as crianças do mundo pertencem a mim.

Sim, eu o indiquei para que tivesse um papel especial na vida de algumas pessoas. Mas, repito, todas as crianças pertencem a mim. Dei a cada uma delas a vida e a liberdade de escolher o que desejam fazer... Sim, você é livre para dar orientação e direcionamento às minhas crianças, mas apenas com a compreensão clara de que cada uma deverá escolher o seu próprio caminho... Logo, serão donas de suas próprias vidas, assim como outras já o foram antes delas.

A necessidade de liberdade logo surgirá em todas as vidas que criei. Sabendo disso antecipadamente, não se surpreenderá... Nenhum de vocês terá vigor suficiente para lutar contra a tremenda ânsia de liberdade que logo irromperá no peito de cada jovem. *Não tentem fazer isso*. Pois eu estou cuidando dos meus jovens pessoalmente. Agora, a sua função chegou ao fim e estou satisfeito... Você fará bem em não deixar sua vaidade interferir. Está na hora de abandonar a cena ... e me deixar tomar conta. Pois eu sei o que deve ser feito. Você, por outro lado, tem outros desafios a enfrentar. O mesmo acontece com seus filhos. Eles devem agir sozinhos.

Não sei exatamente o que aconteceu quando recebi esta mensagem. Já tinha ouvido falar em "canal de comunicação" e "psicografia automática", mas não sabia muito a respeito. O que sabia é que agora, de alguma maneira, recebera a aprovação do que precisava para me afastar do meu filho. Não mais me sentia culpado pelos problemas dele. Disse à minha ex-mulher que não iria pagar a fiança nem contratar um advogado. Já havia resolvido os seus problemas durante algum tempo e minha paciência se esgotara. Por mim, poderia ficar preso. Também disse a ela que não queria notícias quando ele saísse da prisão — não queria receber cartões-postais, cartas ou telefonemas. Ele teria de começar a ser responsável por si mesmo. Acho que essa foi a coisa mais importante que jamais fiz por Rob. Creio que ele amadureceu mais nos meses seguintes ao incidente da prisão do que nos dez anos anteriores.

Porém, minha saúde continuava a deteriorar-se. Passei a me concentrar mais na oração e no estudo da Bíblia. Até que, no dia 23 de setembro de 1981, aconteceu algo extraordinário que mudou minha vida para sempre. Em resumo, tive uma experiência milagrosa na qual Deus me disse que eu ia ficar bom. Contarei a experiência mais detalhadamente na série de cartas, mas por ora basta dizer que em janeiro de 1982, eu já estava bem de saúde. Na verdade, durante os dois anos seguintes, estava melhor do que jamais havia estado antes. Minha resistência era inacreditável. Conseguia correr por tanto tempo que chegava a me entediar. Todos se surpreenderam com a minha energia. Já era difícil acreditarem que eu estivesse vivo.

Os anos de 1982 e 1983 foram bons. Eu estava no período de recuperação. Voltara a trabalhar em tempo integral. Sentia-me como um homem nascido de novo. Da mesma forma como me sentira inspirado para escrever a mensagem sobre o meu filho, senti-me inspirado para escrever uma série de cartas para pacientes cancerosos, nas quais poderia relatar todas as coisas que tinha aprendido.

Entretanto, a cura milagrosa foi apenas o início da minha compreensão sobre Deus e a vida. Tinha muito mais a aprender, e em 1984 comecei a me dar conta de que as lições aconteceriam através de uma recaída da enfermidade. Sabia que iria ter uma recidiva e sabia o motivo: eu tinha entendido mal a experiência milagrosa. Pensei que tinha percebido como curar o câncer através do contato com Deus. Não me dera conta de que esse milagre havia sido um presente. Estava dando mais crédito a mim do que a Deus. E, evidentemente, no decorrer de 1984, comecei a observar sintomas da doença, e meu médico confirmou que eu estava de novo sofrendo de leucemia das células reticulares.

Um pouco antes do Dia de Ação de Graças, na última quinta-feira de novembro de 1984, fiquei tão doente que tive de ser levado à sala de emergências. Meu médico disse que qualquer pessoa com a contagem de células tão baixa quanto a minha já estaria morto, mas por alguma razão, meu corpo havia-se adaptado a essa condição. Recebi uma enorme quantidade de sangue para salvar minha vida, mas como conseqüência das transfusões, fiquei cego. Disseram-me que a cegueira ocorrera porque a contagem sanguínea ficara tão baixa que alguns capilares do meu corpo começaram a se fechar. Quando o sangue fluiu para a área por trás dos meus olhos, coágulos sanguíneos desenvolveram-se e provocaram a cegueira.

Gradativamente, a visão de um dos olhos começou a melhorar, mas eu não conseguia enxergar direito nem para andar dentro da minha casa. Nos seis meses seguintes, recuperei lentamente a visão, mas soube o que era ser cego, e desde então fiquei impressionado com a capacidade e coragem que devem ter as pessoas cegas. Essa experiência ressaltou ainda mais a minha crença de que mais importante do que o problema em si, é a nossa reação aos problemas que enfrentamos, sejam eles câncer ou outra coisa.

Naquele mesmo outono, a mãe da minha esposa, que é enfermeira e morava na época em Dallas, no Texas, leu um artigo sobre um hospital de pesquisas em Dallas que estava fazendo experiências com um novo tipo de medicamento, a interferona. Mostrei o artigo ao meu médico, que examinou o programa de pesquisas e me incentivou a me inscrever como paciente. No início fui contra, mas no final ele me convenceu de que aquele medicamento poderia ser útil para mim. Na ocasião não percebi, mas quando peguei o avião com Jana para ir a Dallas em 1984, a maioria dos meus amigos de Chattanooga achava que estavam me dando adeus para sempre.

Fui aceito para o programa de interferona e internei-me. Ficava semanas inteiras no hospital, depois recebia alta e continuava o tratamento como paciente ambulatorial, enquanto me hospedava, com Jana, na casa dos pais dela. Durante um final de semana, vi um anúncio, na televisão, referindo-se a um curso sobre a Bíblia, para aumentar a fé das pessoas. Como achava que estava precisando reavivar minha fé, encomendei o curso. Quando voltei a me internar passei muito tempo lendo a Bíblia e fazendo os exercícios do manual.

Embora estivesse tomando interferona, tive problemas de infecção. Recebia doses maciças de antibióticos por via intravenosa, a infecção diminuía, suspendiam os antibióticos e um novo foco surgia em outra parte do meu corpo. Os médicos ficaram preocupados, porque os remédios que eu estava tomando poderiam interferir no funcionamento de vários órgãos e eles não sabiam mais o que fazer para controlar as infecções, quando eu não pudesse mais tomar os antibióticos. Encontrava-me numa situação desesperadora.

Um dia, no início de novembro de 1985, depois de trabalhar o meu "manual da fé" durante certo tempo, eu cochilei enquanto Jana estava assistindo televisão no quarto. De repente, acordei. Tinha tido outra experiência milagrosa. Mais uma vez, ouvi que ficaria curado, só que desta vez me disseram quando isso iria acontecer. Disseram-me que meu organismo voltaria a fabricar normalmente as células sanguíneas no dia 1º de dezembro de 1985. Como as células sanguíneas vivem cerca de 120 dias, sabia que estaria bom no dia 1º de abril. Evidentemente, como estávamos em novembro, abril parecia muito distante. Mas, eu tinha certeza de que ficaria bom, pois na época já havia vivenciado outras experiências do mesmo tipo. Estava pronto para receber alta.

Pedimos ao irmão de Jana que nos levasse de carro até Chattanooga e ele aceitou. Infelizmente, apesar de querer muito voltar para casa, a viagem de dois dias dentro de um furgão foi ruim para as minhas costas. Estivera deitado na cama durante quase três meses, e ter de fazer uma viagem tão longa logo depois de deixar o hospital deixou minhas costas com problemas difíceis de serem resolvidos.

Em abril de 1986, a contagem das células sanguíneas tinha voltado ao normal. Como tudo indicava que eu ia realmente viver, Jana tinha um desejo pessoal a ser satisfeito: ela queria que tivéssemos um filho. Os médicos disseram que eu tinha ficado estéril por causa do tratamento, mas decidi tentar. Em 1986, Jana ficou grávida. Infelizmente, ela sofreu um aborto causado por um problema físico, que ela desconhecia antes da gravidez. No ano seguinte, porém, ela ficou grávida de novo. No dia 28 de janeiro de 1988, nasceu um saudável bebê, nosso filho Clayton.

Atualmente, comparando como estou fisicamente à minha condição física, mental e espiritual de 1979, a coisa mais importante é que estou dez anos mais velho do que estava quando soube que tinha uma doença mortal. Estou bem fisicamente, embora minhas costas ainda me incomodem. (Não tomo mais remédios contra o câncer.) Faço uma contagem sanguínea de vez em quando. Em geral a contagem está dentro dos parâmetros considerados normais, apesar de uma ou outra contagem estar acima ou abaixo do normal.

Embora as minhas atribuições sejam um pouco diferentes, ainda trabalho como executivo em uma fábrica de refrigerantes. Porém, vejo que meu trabalho não é tão importante como o considerava antes. É um trabalho honesto: proporciona a mim e à minha família acesso a todos os bens materiais que desejamos, e deixou de ser uma válvula de escape para minha vida.

Jana e eu ainda vivemos em Chattanooga. A maior mudança da nossa vida foi o nascimento do nosso filho. Como Jana e eu temos problemas orgânicos que deveriam nos ter impedido de ter filhos, sentimos que Clayton foi uma resposta às nossas orações. Ele tem acrescentado uma imensa generosidade à nossa vida.

Também fico satisfeito em poder dizer que Rob, meu filho mais velho, curou-se do vício das drogas e está seguindo a carreira de músico. Nosso relacionamento melhorou muito e ele parece feliz com os progressos que vem tendo na vida.

Quero ser bem claro que os problemas do meu filho com as drogas não provocaram a minha doença. Ao contrário, agora vejo que minha *reação* foi o problema — e acho que as dificuldades por que ambos passamos foram um poderoso incentivo para mudarmos nossas vidas. Passou-se muito tempo antes que eu estivesse preparado para lidar com essas questões, mas vejo esta falta de preparo como reflexo das minhas dificuldades, não das dificuldades de Rob. Embora não tivéssemos podido nos ajudar naquele momento, felizmente amadurecemos e podemos ajudar outras pessoas que estão passando por dificuldades semelhantes.

Várias pessoas têm opiniões diferentes sobre os métodos de cura que utilizei — qual deles funcionou e qual não funcionou. Qual deles contribuiu para eu me curar e qual nada teve a ver com a cura. Pouco importa o que os outros pensem, pois fui eu quem vivenciou toda a experiência e tenho opiniões muito firmes sobre as causas da minha cura.

Acho que cada uma das experiências com métodos alternativos de cura, e também alguns dos tratamentos mais tradicionais tiveram o seu valor. Não sei como explicar, mas como me disseram que a medicina tradicional não tinha uma solução para mim, senti que tinha de encontrá-la em outros campos. Não sei se este tipo de exploração é necessária ou valiosa para outras pessoas, mas eu precisava explorar para satisfazer minha curiosidade. Os métodos que mencionei aqui são apenas alguns dos vários que experimentei.

O maior valor dos meus profundos estudos e experiência foi ter finalmente descoberto uma abordagem espiritual como resposta a meus problemas. Quando a solução para o meu câncer finalmente surgiu, sabia que era a certa. Já tinha examinado muitos outros caminhos para a cura e de cada um deles obtive algo, mas nenhum tinha sido poderoso o suficiente para acabar com a doença.

Tenho certeza de que se especialistas da área de saúde tivessem de dizer qual dos métodos foi responsável pelas mudanças na minha saúde, cada um daria uma resposta diferente. Acho que os psicólogos e psiquiatras achariam que a terapia fora o fator primordial na minha cura. Tenho certeza de que o cirurgião acharia que a operação para a retirada do baço tinha tido muito a ver com a minha recuperação. Sei que alguns concluíram que as sessões de cura psíquica foram importantes. Acho que as vitaminas foram um dos fatores de cura. E, embora cada um deles tenha influenciado de alguma maneira, se eu tivesse de escolher, não há dúvida que as experiências espirituais milagrosas sobre as quais falarei nas cartas foram muito mais importantes do que o resto.

Ao dizer isto, não quero diminuir a importância dos outros aspectos da minha experiência de cura. Acho que a fé, a esperança e a vontade de viver foram elementos importantes do processo. Também diria que os procedimentos médicos tradicionais deram-me o tempo de que necessitava para fazer as mudanças internas que resultaram nos milagres que vivenciei.

Também quero deixar totalmente claro que não sei o que pode curar outra pessoa. Talvez haja semelhanças entre a minha vida e a de outros, mas também muitas diferenças. Como não existem duas pessoas absolutamente iguais, tenho certeza de que cada pessoa poderá encontrar o seu próprio caminho para a saúde, como aconteceu comigo. Apenas espero que, ao contar o que aprendi a partir das minhas experiências, outras pessoas poderão se beneficiar tanto no campo da sua vida pessoal como no campo da saúde.

COMENTÁRIOS DO DR. SIMONTON

Desde o início, o entusiasmo de Reid, seu profundo interesse e a intensidade com que ele tratou do que estava acontecendo em sua vida, fizeram com que eu acreditasse que ele tinha boas possibilidades de vencer o imponderável e se curar. Como pôde ser observado, Reid foi muito além do programa do Centro Simonton para o Tratamento do Câncer, usando-o como guia para sua aventura na descoberta da vida.

Muitos pacientes que recebo estão envolvidos na busca de tratamentos alternativos. Após algum tempo, percebi que não sei o que é preciso para que alguém fique curado. Às vezes, um tratamento dá certo para uma pessoa, enquanto é uma perda de tempo e energia para outra. Não impeço nem incentivo alguém a tentar determinado tratamento. Estou interessado em ajudar as pessoas a desenvolver uma maneira de escutar os seus próprios processos internos que lhes indiquem o tratamento a seguir. É necessário tempo e paciência para desenvolver a capacidade de entrar em contato com a fonte da sabedoria interna e os esforços podem ser frustrantes, mas vale a pena tentar.

Como Reid, muitas pessoas sentem o que deve ser feito para se curarem. Porém, ao contrário de Reid, assim que se vêem diante de situações que implicam mudanças na vida, perdem a coragem e desistem. Talvez essas pessoas não tenham a força interior ou o apoio dos outros para continuar o trabalho que começaram. Reid e eu esperamos ser capazes de ajudar aos nossos leitores a obterem aquilo de que precisam para curar a sua vida — física, mental e espiritualmente falando.

3

Como começar o trabalho de cura
Uma semana no Centro Simonton

Houve algumas mudanças importantes no programa do Centro Simonton para o Tratamento do Câncer, desde a publicação de *Com a vida de novo* e desde que Jana e Reid Henson participaram das sessões de tratamento em 1979. A filosofia subjacente ainda é bastante parecida: *a saúde é um processo natural*. As técnicas usadas na recuperação da saúde incluem visualização, meditação, trabalho com a sabedoria interna e estabelecimento de objetivos. Entretanto, recebi muitas informações valiosas desde que comecei este trabalho em 1971 e por isso modifiquei o programa. Além de me concentrar tanto nos processos mentais como nos espirituais, melhorei bastante as técnicas que usamos no Centro.

Duas das coisas mais importantes que a pessoa que está com câncer leva consigo depois da sessão de cinco dias e meio são os instrumentos que a ajudarão a lidar com uma doença fatal e o apoio emocional dos outros pacientes. Após ter completado as indicações deste livro nossos leitores poderão aprender as técnicas que ensinamos aos nossos pacientes durante as sessões — e mais ainda. Publicamos no final deste capítulo o nosso programa, com indicações e exercícios sobre cada uma das sessões organizadas no Centro Simonton.

Mesmo sem o benefício da companhia e experiência de outros pacientes que estão se iniciando nesta jornada, temos o exemplo e o apoio de Reid Henson, um paciente que já esteve onde o leitor está agora e que atualmente encontra-se onde o leitor deseja chegar — gozando de boa saúde.

Neste capítulo, vou rever alguns dos conceitos gerais do nosso programa e também dar algumas idéias sobre como construir uma base sólida para o trabalho de saúde. Tanto essas informações como os exercícios apresentados nos próximos dois capítulos serão úteis para o trabalho da série de cartas. É necessário ler cuidadosamente os capítulos e fazer os exercícios. Se os conceitos forem novos, o leitor talvez ache difícil entendê-los. Não espere absorver cada uma das idéias imediatamente — não é preciso entender tudo na primeira leitura. Os conceitos básicos serão repetidos do início ao final do livro.

O CENTRO SIMONTON PARA O TRATAMENTO DO CÂNCER

As sessões para os novos pacientes do Centro Simonton para o Tratamento do Câncer são realizadas no centro de conferências em Pacific Palisades, no estado da Califórnia, que fica fora de Los Angeles, perto de Malibu. É um lugar muito especial, que já foi parte das terras sagradas de cura dos índios americanos. As tribos que se encontravam neste local tinham orgulho de ser muito independentes, apesar de cooperarem umas com as outras. Este é o mesmo espírito que tentamos inculcar aos participantes do nosso programa. Esperamos que cada paciente e cada pessoa que o apóie mantenha a sua independência total, ainda que cooperando entre elas, com os outros pacientes e com a nossa equipe.

Na chegada de cada paciente, tentamos ajudá-lo imediatamente a se sentir seguro, confortável e protegido. É um ambiente importante que você, leitor, deve criar em sua casa durante o trabalho de cura.

Escolha um lugar especial ou uma parte de um cômodo e junte suas fitas de meditação, seu diário, fotos e qualquer coisa que ache necessário para criar um espaço de tranqüilidade, sem distrações. Estabeleça um momento específico dentro da sua rotina diária para realizar o trabalho de cura e faça com que os outros o respeitem. (É bom ser firme a esse respeito, sobretudo quando se tem filhos pequenos.) Esta é uma forma de entrar em contato com o poder do ritual para sua própria aprendizagem.

Durante o nosso encontro de orientação no Centro Simonton para o Tratamento do Câncer, revemos algumas das diretrizes para a semana a seguir que também podem ser usadas por quem está utilizando este livro.

Deixe que os seus desejos e interesses o guiem no seu trabalho de cura e preste atenção às informações que você obtém do seu organismo e também aos seus sentimentos internos. Deixe que a alegria seja a sua bússola. Se estiver cansado ou não estiver se sentindo bem, aceite a dor física ou emocional como um sinal para parar. Acate suas limitações.

As pessoas que participam do nosso programa chegam com níveis variados de capacidade física. Algumas nem parecem estar doentes. São pessoas que acabam de receber o diagnóstico, ou aquelas que estão em fase de recuperação. Outras encontram-se na fase adiantada da doença. Muitas estão recebendo tratamentos tradicionais, além do trabalho feito conosco. Nunca colocamos nosso programa como substituto para terapias médicas adequadas. A intenção é dar apoio, intensificar o tratamento e ajudar os pacientes a descobrir o seu próprio caminho para a cura.

Às vezes, os pacientes vêem outro paciente que está indo bem — fazendo exercícios físicos, por exemplo — e pensam, "tenho de fazer o que aquela pessoa está fazendo". Não é a melhor abordagem. A pessoa tem de fazer aquilo de que precisa. Não deve pautar o seu trabalho pela capacidade de outros pacientes. Você encontrará aquilo de que precisa de maneira saudável, adaptada à sua situação específica.

Gostaria que você parasse um instante para observar como está se sentindo e perceber que, apesar de suas dificuldades, está fazendo um esforço — ao ler ou ouvir uma fita deste livro — para melhorar sua saúde. Saiba que está lidando com a sua doença da melhor maneira que pode. Quero que se imagine tendo profundas intuições a partir da leitura deste capítulo e da série de cartas que vem a seguir. Imagine que uma compreensão maior sobre sua saúde está surgindo e que você está começando a perceber de que forma a sua vida e a saúde estão interligadas.

O PAPEL DO ACOMPANHANTE

Cada paciente que participa do Programa do Centro Simonton para o Tratamento do Câncer deve trazer um acompanhante para o período de cinco dias e meio. Se o paciente for casado, o acompanhante deve ser o cônjuge. Quero que o nosso trabalho ajude a fortalecer o casamento, ao invés de criar uma distância entre as duas pessoas. Se o paciente não for casado, ele deve escolher um acompanhante. O papel principal do acompanhante é o de ajudar o paciente a levar consigo os conceitos e ajudar a integrar o trabalho no ambiente de casa.

Acho que Jana Henson é um exemplo formidável da eficácia de um acompanhante interessado e entusiasmado. Ela participou da sessão para novos pacientes junto com Reid e nos anos seguintes compareceu a vários seminários e palestras com ele, leu muitos dos livros que ele leu, acompanhou-o ao psicoterapeuta e se uniu ao esforço de Reid para ficar bom, com muito entusiasmo. Mais importante nisso tudo é que ela não arriscou a sua própria saúde ao fazer isso. Ela aplicou os princípios do trabalho à sua vida pessoal e cuidou de si para manter a saúde e poder continuar a apoiar profundamente o seu marido.

Insisto que o nosso leitor trabalhe com seu cônjuge ou um amigo acompanhante. Pelo menos, peça que o acompanhante leia o que está aqui indicado para entender o que você está fazendo e o que ele pode fazer para ajudá-lo. O meu primeiro recado para qualquer pessoa que assuma a função de acompanhante é: não tente ajudar o paciente canceroso a aplicar o exercício apropriado à sua situação, a não ser que ele lhe peça claramente que o faça. Pergunte o que pode fazer para ajudar, mas não dê conselhos. O acompanhante deve incentivar o paciente e entender o que ele está tentando fazer, para não atrapalhar, mas o básico é cuidar da sua própria vida. O acompanhante deve cuidar de si mesmo. Ele também vai precisar de amor e atenção durante este período.

Se o paciente não tiver um acompanhante, se for solteiro ou estiver morando sozinho e não tiver um parente ou amigo com quem possa contar, ainda assim poderá usar este livro. Certa vez, apareceu um paciente sozinho e desesperado. Ele estava com uma recidiva de câncer de pulmão com metástase cerebral. Claro, não queríamos mandá-lo embora, mas ele tinha que trabalhar sozinho. Para complicar ainda mais, não tinha dinheiro e não podia pagar um terapeuta ao voltar para casa e não havia nenhum grupo de apoio perto de onde morava. Ainda assim, ele colocou em prática o que aprendeu e hoje, mais de doze anos depois, está vivo e passando bem.

COMO SE COMUNICAR COM O SEU ACOMPANHANTE: RESPONSABILIDADE E REPREENSÃO, CULPA E PERDÃO

Durante a semana passada no Centro Simonton para o Tratamento do Câncer, trabalhamos para estabelecer e melhorar a comunicação entre o paciente e o seu acompanhante principal. Fornecemos um ambiente seguro, no qual muitos pensamentos e sentimentos até então não expressos o são pela primeira vez. Em geral, tanto o paciente como o seu acompanhante estão usando muita energia para esconder coisas que não têm coragem de expressar. No momento em que uma das pessoas do grupo começa a falar com profunda franqueza, o alívio percorre a sala. As pessoas vêem que todos estão enfrentando problemas semelhantes. Elas também vêem que a base da boa comunicação é a mesma para todo mundo.

Uma das tarefas que pedimos ao acompanhante consiste em enumerar as coisas que ele note que o paciente faz que sejam, segundo ele, negativas para a sua saúde, e também as coisas que o acompanhante acha que o paciente não faz, porém deveria fazer. Depois, colocamos o acompanhante dentro de um círculo no centro da sala, para que converse com o paciente, enquanto as outras pessoas ficam ouvindo. Há muita franqueza e participação nesta sessão.

Um dos sentimentos comuns expresso pelos acompanhantes é a frustração. Eles têm medo de que o paciente não fique bom ou de que não recuperará a saúde logo, se continuarem a agir como o fazem. Os acompanhantes querem que o paciente siga suas instruções. Eles tornam-se obcecados com pequenas questões de saúde — forçando o paciente a comer mais brócolis, por exemplo. E todo o seu amor e medo podem estar escondidos por trás da implicância e aconselhamento. Ajudamos os acompanhantes a expressar essas emoções de maneira mais direta.

Os acompanhantes também manifestam muita culpa. Ouvimos coisas do tipo, "estava tão preocupado com o meu trabalho que não lhe dei suficiente amor, e agora ele está com câncer". Ou ainda, "passei tanto tempo com a minha família que ele precisou ficar com câncer, para eu prestar atenção".

É muito importante que o paciente e o acompanhante confrontem e expressem sentimentos de frustração e culpa. Na maioria das vezes, é útil que ambos reconheçam que cada pessoa faz o melhor que pode com as informações e capacidades que possui. Ninguém força, conscientemente, a pessoa de quem gosta a ficar doente e ninguém pode ser tudo para outra pessoa e satisfazer todas as necessidades do outro.

Como em qualquer relacionamento importante e saudável, tanto o paciente como o seu acompanhante precisam aprender a negociar suas necessidades mútuas. É importante que cada um possa pedir tanto o que deseja para si mesmo quanto do outro. Cada pessoa precisa aprender a ser muito explícita sobre as suas necessidades e a expô-las de maneira clara e adequada — de forma que o outro indivíduo possa entender e tomar uma decisão a respeito do que lhe foi pedido. Por exemplo, o paciente poderá dizer ao seu acompanhante como dar um conselho, quando lhe for pedido, para que seja recebido como um apoio e não como uma tentativa de controle.

Também ouvimos muitas reclamações de ressentimento de ambos os lados durante as sessões. Frases do tipo: "Você é responsável pela minha doença!" ou então, "Se você não agisse da maneira como o faz, não teria ficado doente e estragado minha vida!". Este nível de raiva e ressentimento é muito comum sob o estresse da doença, mas precisa ser resolvido. Pode estragar tanto a qualidade de vida quanto o curso da enfermidade. Dependendo do nível do ressentimento no seu relacionamento, talvez seja necessária a ajuda de um terapeuta ou sacerdote para lidar com este problema tão comum, porém tão difícil. Sugerimos que nossos pacientes continuem a trabalhar esta questão ao voltarem para casa.

Uma das maneiras de ajudar os pacientes e seus acompanhantes a lidar com o ressentimento, não apenas em relação ao parceiro, mas a qualquer pessoa, é refletindo sobre o perdão. Talvez o exercício que faremos no final desta sessão possa ser útil para você.

Um exercício de perdão

Escreva o nome de pessoas que lhe suscitem sentimentos de ressentimento. Ao lado desses nomes, escreva aquilo que você se ressente delas. Depois, examine cada nome, feche os olhos e imagine algo de bom acontecendo a cada pessoa — algo que você sabe de que ela vai gostar particularmente. Faça isso sempre que sentir mágoa em relação a alguém. Em alguns casos, serão necessárias várias repetições antes que os sentimentos se modifiquem. Talvez isso seja difícil, mas você descobrirá que se sentirá bastante aliviado. (Lembre-se que está praticando este exercício para melhorar sua saúde, não em consideração à pessoa com a qual você está ressentido.)

Após o exercício, sugiro que faça uma longa pausa, voltando à próxima sessão amanhã ou quando estiver se sentindo bem descansado.

MENSAGENS E BENEFÍCIOS DA DOENÇA

No início da sessão, ajudamos os pacientes a identificar suas características individuais de fragilidade, incluindo os incidentes que os levaram a ficar doentes. Se você descobrir o que o faz sentir-se frágil, estará começando a perceber o que o faz sentir-se forte.

Três áreas importantes a serem examinadas são os períodos de estresse anteriores ao aparecimento do câncer, os ganhos secundários obtidos com a doença e a mensagem que ela transmitiu. Quero oferecer algumas informações gerais para ajudar na abordagem desses tópicos. No entanto, falaremos mais sobre esses temas na série de cartas.

Diversas pesquisas apontam o estresse como um fator importante na suscetibilidade e resistência ao câncer e também no rumo da doença. No nosso programa começamos por identificar o estresse ocorrido seis a oito meses antes do aparecimento do tumor.

Às vezes, as pessoas acham difícil identificar o estresse; portanto, sugerimos o seguinte: retrocedendo 18 meses, enumere as maiores mudanças que aconteceram em sua vida neste período. Alguém ficou doente? Houve morte na família? Algum amigo seu morreu? Você mudou de empregos? Aposentou-se? Foi despedido? Houve alguma outra mudança no trabalho — mesmo que tenha sido uma promoção? Mudou de casa? Seus filhos saíram de casa? Divorciou-se? Casou-se? Quaisquer mudanças significativas — boas ou ruins — durante os últimos 18 meses devem constar da sua lista.

Qualquer que tenha sido a mudança, o início da doença pode indicar que você não tem condições de lidar de maneira eficiente com o estresse causado pela mudança. Outras pessoas podem conseguir, mas você não é "outra pessoa". Deste ponto da vida, pode ser mais difícil do que antes lidar com algumas mudanças. Vamos lembrar-nos da história de Reid. Nos anos anteriores ao diagnóstico do câncer, ele mudou de emprego, de casa, divorciou-se e seu filho envolveu-se com drogas. A soma total desses incidentes causou um tremendo estresse na vida de Reid.

É útil rever os últimos 18 meses e examinar as outras doenças que você teve. Tente lembrar-se dos períodos de estresse que as precederam. Sei exatamente como funcionam os meus padrões. Por exemplo, se fico gripado, tenho certeza de que me excedi no trabalho. Estou com coisas demais a fazer, não estou pedindo ajuda a outras pessoas e estou pensando que, para algo ser bem feito, eu mesmo devo fazê-lo. Estou sobrecarregado, trabalhando demais e sem me dar folga o suficiente. Portanto, fico vulnerável ao vírus da gripe que, em outra ocasião, poderia ter superado facilmente.

Atualmente, identificaram-se muitos fatores que contribuem para o surgimento do câncer — tendências genéticas, fumo, exposição demasiada ao sol, alguns estilos de vida, riscos causados pelo meio ambiente, entre outros. O estresse jamais é o único fator de desenvolvimento do câncer e sua importância varia de pessoa a pessoa. Mas, a partir do diagnóstico do câncer, o estresse torna-se o fator mais fácil de ser tratado.

Segundo uma das teorias sobre o câncer, a "teoria da fiscalização", podemos desenvolver e combater o câncer várias vezes na vida. O organismo desenvolve células anormais, mas o sistema imunológico as destrói antes que possam multiplicar-se o suficiente para se tornarem perigosas. Mas, se o sistema imunológico estiver debilitado pelo estresse, as defesas imunológicas diminuem e o câncer desenvolve-se.

Voltando aos meus resfriados — assim que fico doente, livro-me de algumas das minhas obrigações, peço ajuda a outras pessoas no meu trabalho e começo a dedicar mais tempo ao lazer. Chamo a isso de "ganhos secundários" do resfriado. Mas, no momento em que reconheço os ganhos de ficar resfriado, posso obter esses ganhos sem ter de ficar doente.

Por isso, peço aos meus pacientes que observem a maneira como o câncer pode estar ajudando-os a lidar com o estresse. Quais são os seus ganhos secundários com o câncer? Quando faço esta pergunta pela primeira vez, muitas pessoas ficam chocadas. O que haveria de bom no fato de ter câncer? Depois, junto com esses pacientes, examinamos mais cuidadosamente a questão. Entre outras coisas, o câncer permite que você negue a si mesmo e a outras pessoas coisas que não quer fazer. Ele permite que aceite partes importantes de si mesmo, que antes você rejeitava. O câncer pode provocar o amor e a atenção de outras pessoas. Com o câncer, os limites e as regras ficam em suspenso. De repente, há uma grande liberdade que lhe permite concentrar-se na sua própria vida, de maneira diferente.

Creio que essa necessidade é a valiosa mensagem do câncer. Inúmeras vezes vi o câncer como a maneira que o organismo encontrou de obrigar a pessoa a fazer mudanças na sua vida. Faço questão de dizer isso durante as sessões. É um conceito difícil de ser aceito. A maioria das pessoas da nossa cultura acha que ter câncer é um azar terrível, algo sem sentido, um ataque aleatório do acaso. Algumas pessoas, como Reid, no início acreditam que estão sendo punidas por algum erro do passado. Mas, eu penso que a mensagem do câncer é sempre uma mensagem de amor.

Para mim, o câncer é uma mensagem de alerta para que paremos de fazer coisas que nos machucam e comecemos a fazer coisas que nos dão prazer — coisas que têm mais a ver com quem somos e como queremos que nossa vida se torne.

O psicólogo Lawrence LeShan escreve sobre o grande desespero de tentarmos ser quem não somos. Quando lutamos contra nossa natureza, a vida fica árdua. Nossa reação é continuar insistindo, porém quanto mais tentamos, mais nos distanciamos daquilo de que realmente precisamos e queremos. Nossos pacientes geralmente vivenciam uma profunda sensação de alívio quando escutam isso. Eles precisam de permissão para abandonarem as rígidas e desumanas expectativas que criaram em relação a si mesmos.

Existem diversos caminhos para se vivenciar a mensagem do câncer, e, neste livro, vamos examinar cuidadosamente cada uma delas. Antes, porém, observe como está lidando com as tensões da sua vida. Pode lidar com eles de outra maneira? Necessita de ajuda, embora se recuse a pedi-la? Se tiver dificuldades em reconhecer os seus fatores de estresse, releia a história de Reid. Há alguma semelhança entre a vida dele e a sua?

Quando começar a reconhecer alguns dos ganhos secundários das suas doenças, não peça desculpas por eles! No momento, vá em frente e use a doença como justificativa para dizer não às coisas que não deseja fazer e procure novas abordagens. Preste atenção a essas abordagens. Anote. É um passo positivo para honrar as suas reais necessidades.

Seria uma boa oportunidade parar de ler agora e rever a lista de estresses (página 46), se ainda não o fez. E depois, faça algo de agradável para si mesmo!

O TRABALHO COM UM TERAPEUTA

Acho que procurar a ajuda de um psicoterapeuta é uma decisão saudável tanto para o paciente canceroso como para seu acompanhante principal, mas é muito mais importante que o paciente tome a iniciativa. Durante as nossas sessões, designamos um terapeuta para cada casal. O terapeuta conversa com o paciente e o seu acompanhante, separadamente e em conjunto, no início, no meio e no final de cada semana. O terapeuta participa da avaliação intensiva dos aspectos psicológicos associados ao câncer.

Se estiver procurando um terapeuta que o ajude a lidar com a doença, informe-se se ele tem experiência em trabalhar com as aspectos mentais e físicos ou com os aspectos físicos, espirituais e mentais que estamos usando neste livro. Não importa que o terapeuta não tenha sido treinado no Centro Simonton para o Tratamento do Câncer. Se ele for competente, será bem conceituado no local onde exerce a profissão. Se o seu médico não conhecer nenhum terapeuta, vá ao departamento de oncologia do hospital e converse com a enfermeira, a assistente social ou outra pessoa que trabalhe diretamente com os pacientes e peça uma indicação. Na primeira entrevista com o terapeuta leve uma cópia deste livro (ou do *Com a vida de novo*, ou o do livro de Bernie Siegel, *Amor, medicina e milagres*) e diga que está interessado em tentar se curar seguindo esta linha. Pergunte ao terapeuta se ele pode ajudar você neste sentido.

Avalie cuidadosamente a sua terapia. Está sendo útil? Sente-se melhor depois da sessão? Sente-se mais confiante a respeito da sua capacidade de se curar? Você deve levar todos esses pontos em consideração. Se achar que não está adiantando, siga a sua intuição e procure outro terapeuta. Isto não quer dizer que a terapia será fácil. Muito provavelmente não o será. Mas, como se sente após ter passado por essa dificuldade? Respeite os seus sentimentos e mantenha a sua integridade pessoal.

Uma das coisas que Reid decidiu fazer enquanto participava das sessões no nosso Centro foi procurar a ajuda de um terapeuta ao voltar para casa. No início, ele achou que não precisava nem de psiquiatra nem de terapeuta, pois estava doente e não louco. Mas, depois percebeu que o terapeuta tinha uma função importante no seu caminho para a cura.

GRUPOS DE APOIO

Muitos pacientes também encontram consolo e alívio junto a um grupo de apoio a doentes de câncer. Não existiam estes grupos na época em que Reid estava doente, mas atualmente existem vários nos Estados Unidos, na maioria das grandes cidades.

Você poderá julgar o valor do grupo de apoio, assim como avaliou a ajuda dada pelo terapeuta. Mais uma vez, preste bem atenção à sua experiência com o grupo. Como se sente antes de ir à sessão? Como se sente quando está lá? Como se sente depois, quando volta para casa? Se o moral estiver elevado e você se sentir motivado, ótimo! Mas, se você sai de casa sentindo-se bem e volta para casa sentindo-se péssimo, algo ruim está acontecendo e é necessário parar de freqüentar o grupo até descobrir o que há de errado. Isto não quer dizer que não vá sofrer ou entristecer-se, mas se o terapeuta for bom e o grupo estiver funcionando bem, sua sensação geral será positiva. Se for negativa, não significa que não possa freqüentar grupos de apoio, porém que precisa procurar o que melhor se adapte às suas necessidades.

Enumerar as formas de ajuda e apoio de que precisa, poderá exigir atenção especial, se forem contra a sua personalidade — caso você seja uma pessoa muito independente ou reservada, e tenha sempre hesitado em pedir ajuda, como acontece com muitos dos nossos pacientes. Insisto que inicie esta tarefa cuidadosamente, fundamentando-se numa base de apoio sólida, sobre a qual seguramente você poderá investir. Voltaremos a esse assunto outras vezes.

UM RESUMO DO TRABALHO A SEGUIR

O trabalho que fazemos com os pacientes no Centro Simonton para o Tratamento do Câncer parte da premissa básica de que o câncer é uma mensagem de amor. Se uma parte importante da causa do câncer é o fato de tentarmos ser quem não somos, a cura do câncer pressupõe tornar-se receptivo para quem somos. Nossos pacientes contam que o trabalho que realizamos juntos lhes oferece um "delicado espelho" para se autoconhecerem de verdade.

A seguir, um esboço do processo:

1. Decida ficar bem. Tome a resolução de fazer o que for necessário para ficar bem, sabendo que isto o levará na direção da alegria, afastando-o do sofrimento — tanto mental quanto físico.

2. Decida ficar receptivo para quem você é e, ao fazer isso, permita-se ser dirigido pelo desejo e contentamento e guiado pela sabedoria que habita dentro de você e ao seu redor.

3. Adquira confiança em si mesmo, nos outros, em Deus e em tudo que existir. Você poderá melhorar seu relacionamento consigo mesmo, agindo com integridade. Isto também melhorará seu relacionamento com os demais e com tudo o que existir.

4. Peça ajuda. Torne-se receptivo a aceitar ajuda. Ao fazer isso, tome cuidado com quaisquer prevenções de onde e de quem pode esperar ajuda. Não se limite à informação que possui atualmente. Fique aberto a novas fontes.

5. Torne-se mais consciente de seus pensamentos e dos sentimentos de culpa, repreensão e fracasso. Tornar-se responsável por sua saúde não significa que deva se culpar por ter ficado doente. Não significa que você seja um fracassado se não melhorar tão rapidamente quanto acha que deveria. (Mais adiante, indicarei um processo específico para lidar com esse tipo de sentimentos.)

6. Ao mesmo tempo, disponha-se a aceitar maior responsabilidade por sua vida, sua saúde e sua felicidade. Você não é o único criador da sua realidade, mas sim o seu co-criador. Sinta o quanto pode afetar o seu universo.

7. Sinta e reconheça suas emoções e aprenda a expressá-las de forma adequada para si, e mantendo ainda sua integridade pessoal.

8. Participe de maneira ativa no processo de cura com vivacidade, expectativa positiva e entusiasmo.

9. Desenvolva uma atitude de curiosidade amorosa e vivaz.

10. Tenha pensamentos elevados. Pense em coisas que sejam positivas e confortáveis do ponto de vista mental, emocional e espiritual.

Esse é apenas um resumo do que ensinamos a nossos pacientes, não uma lista de afazeres. Essas dez ações estimulam o processo de cura e ajudam a pessoa a tornar-se mais próxima do equilíbrio físico, mental e espiritual. O trabalho deste livro irá ajudá-lo a adotar as etapas sugeridas. Os exercícios do próximo capítulo irão auxiliá-lo a começar.

ATENÇÃO ÀS INFORMAÇÕES DADAS PELOS OUTROS

Se ainda não o fez, pense que ao efetuar o trabalho indicado neste livro, você encontrará certas dificuldades com algumas pessoas com quem convive.

Ao começar a mudar e fazer coisas de forma diferente, é provável que encontre resistência. Claro que algumas pessoas ficarão empolgadas e entusiasmadas com seu jeito de encarar a doença, mas outras ficarão amedrontadas ou então céticas. Estas não o ajudarão muito. Podem até tentar impedir o seu progresso. Isto acontece muito nos relacionamentos profissionais, sobretudo se você sempre foi uma pessoa de boa paz, aquele que aceitava uma sobrecarga de trabalho, com quem se podia contar para ficar até mais tarde e chegar cedo no dia seguinte. Quando começar a recusar porque está ocupado com sua terapia, verá que os colegas de trabalho poderão ficar chateados. Esteja alerta a essa possibilidade e concentre-se na sua prioridade — a sua saúde.

É quase certo encontrar resistência por parte de alguns parentes. Se você era do tipo que sempre estava pronto a ajudar, aquele "bom demais para ser verdadeiro", como acontece com grande parte dos nossos pacientes, as pessoas sentir-se-ão desconfortáveis quando você começar a insistir em suas necessidades. Os que se julgam mais ameaçados e ressentidos são os adolescentes. Sentem medo de perder você e querem que continue a ser a mesma pessoa de sempre. O marido de uma de nossas pacientes expressou o seu desconforto de maneira mais sutil. "Quero minha doce esposa de volta", disse. Um dia, sua mulher olhou diretamente nos seus olhos e respondeu: "Se ela voltar, eu morro".

É muito difícil explicar os conceitos do trabalho que fazemos, sobretudo para pessoas que não conhecem bem esta área. Meu conselho é que não se deve sequer tentar. Peçam-lhes que leiam o livro, se é que estão realmente interessadas. Quando não se consegue explicar direito o trabalho que se está fazendo, isso fará com que a confiança em recuperar nossa saúde diminua. Essas situações podem ser evitadas, planejando-se como reagir, de forma que as pessoas possam encontrar suas próprias respostas, enquanto nosso processo de aprendizagem e descoberta fica adequadamente protegido.

OUTRAS DIRETRIZES PRÁTICAS

Reid adotou algumas medidas práticas logo no início da sua experiência com o câncer, que o ajudaram no seu trabalho e diminuíram seu nível de tensão. Logo que sua doença ficou conhecida, ele escreveu uma carta a todos os seus amigos e colegas, pedindo-lhes que não lhe perguntassem sobre sua saúde sempre que o encontrassem. Reid notou que às vezes estava perfeitamente bem, sem pensar na leucemia, até que se deparava com alguém bem-intencionado no elevador do escritório, que dizia que ficara preocupado em saber da doença de Reid e lhe perguntava como ele estava se sentindo. Isto forçava Reid a contar como estava de saúde, o que o deixava desanimado. Na carta, ele sugeriu que seus amigos telefonassem para sua esposa ou sua secretária para ter notícias ou então, que apenas lhe desejassem um bom dia ao vê-lo. Esse sistema deu certo com Reid.

Sei de outros pacientes que acham os telefonemas de pessoas bem-intencionadas cansativos. Parece que elas sempre têm uma história alar-

mante sobre câncer para contar, ou crêem que o seu câncer é terrível e não conseguem esconder esse sentimento. Muitas vezes, é difícil lidar com esses telefonemas, sobretudo quando são dados por amigos ou parentes. Além da carta, outra forma de enfrentar esse tipo de situação é comprar uma secretária eletrônica e usá-la com freqüência. Grave a mensagem que desejar. Por exemplo, diga que está cuidando da sua saúde e quando tiver um tempinho irá retornar a ligação ou, ainda, que não vai atender a nenhum telefonema naquele dia, ou, ainda, peça que ou telefonem a outra pessoa para obter informações ou deixem recado.
Eis alguns exemplos:

    Oi! Aqui é Betty. Se você está telefonando para saber como foi a quimioterapia hoje, foi tudo bem, mas estou um pouco cansada e por isso não estou atendendo. Obrigada por ter ligado. Por favor, deixe uma mensagem de estímulo, após o bip.

    Oi! Você está ouvindo a secretária eletrônica de Jack. Ele estará no Hospital St. Mary até sexta-feira e adoraria que telefonasse para lá, 555-9989, apartamento 123. Ou, ainda, você pode deixar um recado, pois ele irá anotá-los. Obrigada. Espere o bip.

    Aqui é Al falando. Estou descansando agora, mas estou me sentindo bem. Você pode ligar para a minha amiga Jane que ela dará detalhes. O telefone é 555-2222. Repetindo: 555-2222. Por favor, deixe um recado aqui e seja paciente quanto ao meu telefonema de volta. Obrigado por me desejar boa sorte.

Se não quiser que todos os seus colegas de trabalho telefonem, peça a alguém do escritório que mantenha a todos informados sobre o que deseja que eles saibam.

Por outro lado, talvez você seja o tipo de pessoa que quer receber telefonemas. Se for o caso, peça às pessoas que lhe telefonem. Senão, algumas delas, com quem deseja falar, vão ficar na dúvida se devem ou não telefonar. Peça a um colega que telefone todos os dias. Peça à sua família que alguém lhe telefone sempre, para que todos os dias receba o telefonema de alguém.

Nos dias em que estiver recebendo tratamento, tente planejar algo agradável para fazer depois, de forma que o seu dia não fique concentrado no que considera uma tarefa desagradável. Não escolha um dia apenas para a quimioterapia. Faça daquele dia a manhã da quimioterapia e a tarde de folga para pintar, ler ou assistir a um filme. Não torne o dia mais difícil. Não vá à quimioterapia de manhã, para depois passar a tarde pagando contas. Não aproveite para ir ver o seu contador simplesmente porque o seu escritório fica no mesmo bairro do hospital. Planeje algo agradável para os dias que serão penosos.

Ao começar a sentir-se melhor, muitas pessoas lhe pedirão para aconselhar outros pacientes com câncer. Vão-lhe pedir que passe pelo hospital para conversar com um amigo que precisa de ajuda, ou ainda que telefone a alguém para dizer como fez para se sentir melhor.

Cuidado com os conselhos a outros pacientes. É preciso continuar a se concentrar em si mesmo. Isto não significa que não possa ajudar, mas talvez tenha de ajudar de outra maneira. Quando lhe pedirem que converse com alguém com câncer, simplesmente diga que não seria saudável fazer isto agora. E dê o nome e número de telefone de um terapeuta que trabalhe neste campo ou sugira ao amigo que leia este livro ou outros que considera úteis. É assim que pode ajudar outros pacientes de câncer sem se prejudicar. Só ajude alguém diretamente se, após profunda meditação, sentir-se mobilizado a conversar com ela. Assim, a fonte que o está guiando estará lá para ajudá-lo. Mas, nunca ofereça ajuda só porque acha que "deve".

Em geral, examine uma segunda vez a sua necessidade de ajudar alguém. Lembre-se que Reid passou a prestar assistência à comunidade terapêutica depois do diagnóstico. Mais tarde, ele se deu conta de que estava canalizando sua atenção em coisas externas, ao invés de voltar suas forças para a sua própria vida e saúde. Por enquanto, fique concentrado em si mesmo.

RESUMO

Embora eu tenha falado apenas de conceitos gerais e dado algumas sugestões simples e práticas, a informação é importante para criar uma base sólida para seguir com o trabalho que tem a fazer. Por favor, pergunte-se o seguinte:

- Você reservou um momento e um lugar especiais para fazer o seu trabalho de saúde diariamente?
- O seu acompanhamento principal está participando do seu trabalho?
- Quem faz parte da sua equipe de apoio? Que função gostaria que cada pessoa tivesse?
- Já pensou em pedir ajuda a um terapeuta?
- Se estiver vendo um terapeuta, o que acha do trabalho que foi efetuado até agora?
- Se faz parte de um grupo de apoio, como se sente antes e depois de ir a uma sessão?
- Conseguiu identificar as tensões e mudanças que sentiu nos últimos 18 meses?
- Como decidiu reagir às perguntas de familiares e amigos em relação à sua doença?
- À medida que vai melhorando, como lida com os pedidos para visitar outros pacientes?
- O que fez para se recompensar pelo trabalho penoso que está executando para ficar bom?

As respostas a essas perguntas podem ser úteis para avaliar se você está ou não pronto para ler o próximo capítulo. Talvez necessite mais tempo para organizar o seu programa de cura, ou então está pronto para seguir em frente. Deixe que os seus sentimentos e nível de energia determinem o seu programa e continue no seu próprio ritmo, sempre que estiver confortável.

PROGRAMA DAS SESSÕES NO CENTRO SIMONTON PARA O TRATAMENTO DO CÂNCER

DIA	ASSUNTOS TRATADOS	ONDE ENCONTRAR NESTE LIVRO* A INFORMAÇÃO DADA NA SESSÃO
Domingo	Informação geral sobre o programa	Caps. 1 e 3
Segunda-feira	Meditação e visualização. A ligação corpo-mente	Cap. 4
Terça-feira	O plano bienal de saúde (objetivos na vida, lazer, meditação, nutrição, apoio, exercícios)	Cap. 5 — Carta 9 e comentários
	Significado da doença	Caps. 3 e 4 Cartas 1, 4, 5 e 6 e comentários
Quarta-feira	Sistemas de apoio O apoio principal Sistemas de apoio familiares	Cap. 3 Carta 15 e comentários Cartas 13, 14 e comentários
	Apoio médico	Cartas 16, 17, 18 e comentários Cap. 3
	Terapia Grupos de apoio	Cap. 3 Cap. 4
	Sabedoria interior, esperança e confiança	Cartas 1, 4, 5, 6, 7 e comentários
	Responsabilidade, culpa e repreensão Acompanhante	Cap. 3 Cartas 2, 3, 18 e comentários
Quinta-feira	Morte	Cap. 4
	Recidiva	Cap. 1 Carta 19 e comentários
Sexta-feira	Mantendo-se bem	Caps. 3 e 6

*Indicamos as fontes principais, mas esses tópicos são examinados no livro inteiro, no contexto dos assuntos correlatos.

4

O trabalho com visualização e sabedoria interior
O poder da mente, o poder do espírito

A visualização é uma das mais antigas formas de cura existentes no planeta. Por "visualização" quero significar as imagens produzidas pela imaginação, seja consciente ou inconscientemente. Estudei e pesquisei o uso da visualização para a saúde por mais de vinte anos.

A sua imaginação já teve um papel importante na sua doença. Reflita sobre a sua experiência ao receber o diagnóstico e a discussão que se seguiu sobre o tratamento e prognóstico. Quais foram os seus pensamentos? Quais foram os seus sentimentos? Você sentiu-se basicamente esperançoso, imaginando a sua cura? Ou estava com medo do que viria a seguir? O que deve ter acontecido é uma mistura de imagens, positivas e negativas, saudáveis e não saudáveis. E todas elas afetam o seu organismo no nível celular.

Essas imagens estão relacionadas às suas crenças e ao tratamento em geral, e também estão relacionadas às suas crenças sobre como será a sua experiência pessoal e o seu tratamento. Lembre-se de que as crenças que mais nos incomodam com freqüência estão baseadas em nossa interpretação dos fatos, não nos fatos em si. Você pode aprender a mudar suas crenças amedrontadoras ou nocivas e substituí-las por crenças saudáveis. Isto vai ajudá-lo a sentir-se bem.

Como saber se a crença é saudável? Existem muitas maneiras, mas o método usado com nossos pacientes foi criado por C. M. Maultsby, da Faculdade de Medicina da Universidade Howard. Ele desenvolveu um teste simples, de cinco perguntas, para avaliar o valor positivo das crenças.

Pergunte-se:

1. Esta crença me ajuda a proteger minha vida e minha saúde?
2. Ela me ajuda a atingir meus objetivos a curto e longo prazos?
3. Ela me ajuda a resolver ou a evitar os meus conflitos mais indesejáveis (quer esses conflitos estejam em mim ou nas outras pessoas)?

4. Ela me ajuda a me sentir da maneira que desejo?

E, quando for adequado, também pergunte:

5. Esta crença está baseada em fatos?

Se responder sim a três ou mais dessas perguntas, então a sua crença é considerada relativamente saudável. Se não houver respostas positivas ou se elas forem inferiores a três, é importante mudar sua crença para que se torne mais saudável.

A razão para prestarmos tanta atenção às crenças no trabalho com câncer é que elas criam emoções e, como vimos, as emoções são uma força motriz importante no sistema imunológico e em outros sistemas de cura. Imagens saudáveis aumentam o sentido de poder, bem-estar e paz de espírito. Elas fortalecem o senso de ligação com a sua sabedoria interior, com as outras pessoas, com o mundo e o universo. E também ajudam a manter o seu sistema imunológico no mais alto nível.

Emoções neutras — sentimentos de calma, paz e tranqüilidade — também têm um efeito salutar nos sistemas de cura do organismo.

Emoções negativas prolongadas, porém, têm efeito nocivo.

PLANO PARA MODIFICAR CRENÇAS E DESENVOLVER UM MAIOR CONTROLE EMOCIONAL

O momento mais eficiente para trabalhar crenças é quando se vivencia a dor emocional, porque então será mais fácil identificar as crenças nocivas. Ficará claro quais as emoções indesejáveis que estão interferindo em sua vida — por exemplo, será que o medo está afetando o seu sono? Aqui está um assunto para ser trabalhado em suas crenças.

Passo n.º 1 Identificar a emoção indesejável que está sentindo. (Usarei o medo no exemplo a seguir.)

Passo n.º 2 Em um pedaço de papel, trace uma linha de cima para baixo.

Passo n.º 3 Na coluna da esquerda, enumere cinco ou mais crenças que provocam a emoção.

Passo n.º 4 Avalie cada crença com uma das perguntas de Maultsby.

Passo n.º 5 No caso de crenças nocivas, escreva crenças mais saudáveis, incompatíveis com as nocivas, na coluna da direita.

Passo n.º 6 Guarde o papel com você e quando sentir a emoção indesejável, leia a lista. (Talvez seja necessário fazer isto de duas a vinte vezes ao dia.)

Passo n.º 7 Além disso, três vezes por dia, em um estado de calma e relaxamento, usando a respiração para induzir esse estado, pense nas crenças mais saudáveis. Faça isto pelo menos durante 3 semanas ou até que novas crenças se tornem parte do seu inconsciente.

A seguir, a lista de uma mulher que chegou ao Centro com câncer de mama em estado avançado. Ela estava recebendo quimioterapia, porém sua saúde continuava a piorar e ela estava com muito medo por si mesma e por sua única filha de seis anos.

MEDO

1. Vou morrer dentro de dois anos e deixar minha filha sozinha, apesar do que eu ou qualquer outra pessoa fizer.

2. Vou ficar muito doente e incapacitada, um peso para mim mesma e para os outros.

3. Todas as minhas crenças e sentimentos nocivos estão piorando minha saúde e não sei como modificar esta situação.

4. Posso até ser capaz de melhorar, mas jamais serei capaz de manter minha saúde e me curar do câncer.

5. Preciso me apressar em fazer essas mudanças, mas não tenho tempo suficiente, sobretudo por não saber como agir.

6. É viável, mas não consigo.

---

1. Posso não estar viva daqui a dois anos, mas minha atitude terá grande influência sobre este fato.

2. Posso ou não ficar doente e o que eu fizer terá grande influência sobre este fato.

3. Todas as minhas crenças e sentimentos nocivos estão me fazendo piorar, mas posso mudá-los.

4. Posso ficar boa, manter minha saúde e me curar do câncer.

5. Tenho todo o tempo de que preciso para fazer as mudanças de que necessito e sei o que fazer *hoje*!

6. É viável e posso fazer.

Essa lista mostra não apenas os seus medos do câncer como também os seus medos de "fracassar" em melhorar o seu estado de saúde físico e mental a tempo. Enquanto trabalhava para criar crenças mais saudáveis junto com seu marido (que era muito devotado a ela e à filha), seu desespero e agitação começaram a diminuir, ela passou a dormir melhor e sentiu-se mais forte do que vinha se sentindo há muito tempo.

Observe que não usamos o termo "pensamento positivo". Em vez disso, falamos sobre "pensamento saudável" ou "crenças saudáveis". Trata-se de uma diferença importante.

A maior diferença entre pensamento "positivo" e pensamento "saudável" tem a ver com os aspectos factuais da crença. Por exemplo:

Pensamento nocivo Morrerei dentro de dois anos, independentemente do que eu fizer.
Pensamento positivo Estarei viva e saudável dentro de dois anos.
Pensamento saudável Posso ou não estar viva dentro de dois anos e o que fizer agora terá uma grande influência sobre este fato.

Como podemos observar nesse exemplo, o pensamento positivo é mais saudável do que o pensamento negativo. O problema é que o pensamento positivo não corresponde necessariamente aos fatos da natureza ou à vida real. Estamos tentando desenvolver crenças baseadas em fatos. O pensamento saudável é compatível com a realidade.

Você consegue reler a experiência de Reid e ver como a vida dele e sua saúde mudaram no decorrer dos anos, à medida que as crenças mudaram? No início, sua mente estava profundamente entranhada em alguns processos bastante nocivos — por exemplo, quando ele achava que merecia a leucemia por ter arruinado a vida do seu filho. Todavia, ao trabalhar suas crenças e ficar receptivo às mudanças, ele passou a acreditar que a experiência do seu filho o motivava a se curar. Observe que Reid não podia mudar o que acontecera a seu filho, mas ele pôde mudar suas crenças sobre o que acontecera. Esta mudança no pensamento de Reid aconteceu após muito tempo trabalhando suas crenças em um nível bastante profundo.

Gostaria que o leitor examinasse suas próprias crenças sobre a sua doença e o seu tratamento. Escreva o que considera verdadeiro a respeito do câncer em geral, incluindo seu diagnóstico e tratamento. Depois use as cinco perguntas para julgar suas crenças.

Não pense que você é o único a ter crenças nocivas. Nossas crenças culturais sobre o câncer são bastante danosas, como as nossas crenças sobre o tratamento e a capacidade do organismo de se curar. Culturalmente, aprendemos que o câncer é uma doença séria, que nos devora. Os tratamentos são difíceis e questionáveis. Temos pouca confiança na capacidade de cura do nosso organismo. Todas essas crenças são prejudiciais e não são baseadas em fatos reais.

Vou ajudá-lo a começar a modificar suas crenças sobre o câncer, indicando três crenças básicas, com as quais poderá dar início ao trabalho:

1. O organismo tem uma capacidade natural de se curar e vencer o câncer. Quando as células cancerosas são colocadas ao lado das células normais, em experiências de laboratório, nunca aconteceu que as cancerosas atacassem ou destruíssem as normais. Nunca! No entanto, sob as mesmas condições, as células brancas normalmente atacam e destroem as células cancerosas. O câncer é composto de células fracas, confusas e deformadas.
2. O tratamento médico pode ajudar o seu organismo a se curar, tornando-se um aliado para que você volte a ficar bem.
3. O câncer é um dado informativo que revela uma necessidade de mudança — mostrando que você precisa fazer mais as coisas que lhe trazem alegria e satisfação e menos as que lhe causam dor emocional, e que você precisa aprender a reagir às tensões da vida cotidiana de maneira saudável. A mensagem é de amor. Obedecer a

essa mensagem pode ajudá-lo a seguir a sua verdadeira natureza e influenciar de maneira significativa a capacidade de cura do seu organismo, para eliminar o câncer.

Quando você começa a incorporar uma crença que entra em conflito com uma antiga crença, a nova crença sempre dá a impressão de ser "errada". Esta experiência é tão comum que os psicólogos têm um termo formal para isto — "dissonância cognitivo-emotiva" — que significa simplesmente que os seus sentimentos ainda não aceitaram o seu pensamento. Esta sensação de que algo está "errado" continua até que a nova crença converte-se numa atitude inconsciente. É importante dar-se conta de que essa sensação de desconforto é natural. É como ir à Inglaterra pela primeira vez e ter de dirigir do lado esquerdo da rua, quando até então só se tinha dirigido do lado direito. Parece que algo está "errado" e bastante desconfortável, mas com a prática, gradativamente, sentimo-nos mais confiantes e passamos a dirigir com menor esforço consciente.

O mesmo acontece quando começamos a modificar nossas crenças sobre o câncer. No início sentimos que o trabalho é frustrante e artificial, ou como alguns pacientes dizem, "falso". Mas, aos poucos, as novas crenças passam a fazer parte de uma atitude inconsciente e as imagens e pensamentos saudáveis aparecem com menos esforço.

A meditação ou o uso consciente da visualização é essencial para operar essas mudanças. Trata-se do instrumento principal para criar de maneira intencional novas crenças e fazer com que se tornem atitudes inconscientes. Embora a meditação e a visualização sejam usadas para o relaxamento e prazer, elas também podem operar mudanças concretas em sua saúde e sua vida. Começaremos por usar a imaginação para modificar suas crenças sobre a doença, o tratamento e a capacidade do seu organismo de se curar.

MEDITAÇÃO E VISUALIZAÇÃO

Sugiro vivamente que você principie os exercícios de meditação deste capítulo da seguinte maneira: comece por ler o exercício do início ao fim. Em seguida, faça o exercício uma vez (explicarei depois como fazer isso), escreva tudo que quiser lembrar e deixe a meditação de lado. O quinto exercício de meditação deste capítulo é opcional.

Após ter feito cada uma das meditações uma vez, escolha o exercício que melhor atenda às suas necessidades imediatas e trabalhe com aquele exercício e somente ele, usando-o para meditar de uma a três vezes por dia, de 10 a 15 minutos, durante o tempo que você considerar conveniente. Depois, poderá começar a trabalhar com as outras meditações, dependendo das suas necessidades e desejos. Cada meditação utiliza o mesmo exercício respiratório para ajudá-lo a entrar em estado de relaxamento mental. Este exercício de respiração pode ser executado em qualquer lugar e em qualquer momento em que você sinta vontade de relaxar.

Serão necessárias de seis a oito semanas para desenvolver o hábito de meditar regularmente. Programe a meditação para ajustá-la às suas necessidades e continue a manter o número de meditações por dia e a sua duração, até encontrar um sistema que melhor funcione no seu caso.

Se você nunca meditou antes, por favor, não se preocupe em como meditar. É um processo simples que poderá ser adotado por qualquer pessoa. Lembre-se de que sempre usou sua imaginação. Talvez você queira que alguém leia ou grave em uma fita-cassete cada meditação, ou talvez prefira fazê-lo sozinho — muitas pessoas acham bom ouvir o som da própria voz. Reid passou bastante tempo gravando suas fitas.

Existem centenas de livros e de fitas, de áudio ou vídeo, sobre a meditação. Quem se interessar, não terá problemas em encontrar informações a respeito e acho que é muito saudável examinar outros métodos depois de ter feito as meditações de base durante 6 a 8 semanas. Sugiro que continue a fazer sistematicamente a meditação de base e só experimente outros processos de relaxamento a cada três exercícios de meditação. Nos exercícios de meditação deste livro, começamos o processo de relaxamento respirando de maneira consciente e relaxando o corpo, principiando pela cabeça e terminando nos dedos dos pés. Se preferir começar pelos dedos dos pés, modifique o exercício, ao gravá-lo.

Eu medito de uma a três vezes por dia, cerca de 15 minutos por vez. A meditação é uma prioridade para mim, e é assim que começo meu dia. Houve uma época em que Reid chegou a passar várias horas por dia meditando e ele ainda medita um pouco todas as manhãs.

Se você se sentir muito motivado e praticar qualquer um dos exercícios de meditação deste capítulo, de 3 a 4 vezes ao dia, de 10 a 15 minutos por vez, começará a observar progressos entre 3 e 6 semanas — notará emoções positivas e neutras surgindo a partir de suas novas crenças saudáveis.

A primeira meditação vai ajudá-lo a começar o trabalho de cura, permitindo que crie imagens baseadas nas três básicas crenças saudáveis sobre o câncer.

Sugiro que você simplesmente se recolha a um local calmo, avisando às pessoas que não quer ser incomodado durante certo tempo. É melhor sentar do que se deitar, para evitar cair no sono. Pode sentar-se em uma poltrona confortável — não é necessário sentar no chão com as pernas cruzadas ou em qualquer outra posição especial. Ajuste a temperatura do cômodo para sentir-se bem.

Sempre que meditar, crie imagens simples. A simplicidade ajuda a manter a concentração. Quanto mais complicadas as imagens, menos concentrada a pessoa fica, tornando a visualização menos intensa e eficiente.

Também é importante ser paciente consigo mesmo. Se você nunca meditou antes, talvez ache difícil no início; portanto, dê a si mesmo tempo para aprender o processo e apreciar o seu valor. Tente manter a curiosidade sobre o que a meditação pode fazer por você e fique consciente se algum preconceito impedir que o trabalho possa não dar certo. Experimente. Veja como funciona no seu caso. Basicamente, trata-se apenas de um instrumento para melhorar a saúde, uma forma de modificar suas crenças e emoções, para que você possa se sentir melhor.

Primeira Meditação

MODIFICAR AS CRENÇAS SOBRE O CÂNCER

Após se instalar confortavelmente, inspire lenta e profundamente e ao expirar pense "Relaxe". Preste atenção à sua respiração e continue a repetir "relaxe", ao expirar. Quando se sentir preparado, feche os olhos...

Continue a respirar profunda, lenta e confortavelmente e preste atenção às tensões na sua cabeça e couro cabeludo e, ao expirar, deixe a cabeça e o couro cabeludo relaxarem. Inspire, expire e pense "Relaxe"... Observe se há tensões no queixo e deixe que ele também relaxe...

Respire profunda, lenta e confortavelmente, e continue a permitir que seu corpo relaxe. Deixe o seu pescoço e ombros relaxarem.... e também os seus braços e mãos...

Agora, deixe que as suas costas relaxem também.... e também o seu tórax.... e depois o seu abdômen... e em seguida a sua pélvis. Isto permite que o seu coração, seus pulmões e seu estômago — todos os seus órgãos — relaxem. Respire profunda, lenta e confortavelmente.... e relaxe.

Continue e deixe que seus quadris relaxem... e suas pernas .... e seus pés...

E agora, com o seu corpo mais relaxado, comece a se imaginar em um local em que se sente seguro, confortável e protegido. O local pode ser real ou imaginário, um local onde já esteve ou onde nunca esteve antes. Pare um instante para imaginar este lugar, enquanto continua a respirar lenta, profunda e confortavelmente.

E agora, concentre o seu pensamento no seu corpo.... Imagine seu corpo forte e sábio, suas células brancas numerosas e capazes de cuidar de você... Inspire profundamente... expire... relaxe. Lembre-se de que

o câncer compõe-se de células fracas e deformadas, facilmente eliminadas do seu organismo...
Imagine o tratamento que está fazendo sendo útil... imagine o seu tratamento como um amigo que está ajudando você a sentir-se melhor... Você pode imaginar o seu tratamento enfraquecendo as suas células cancerosas ou fortalecendo e aumentando as células brancas (ou aquilo que você imagina ser o seu tratamento)... O seu tratamento está agindo de forma correta na sua situação.
Agora, imagine-se animado e entusiasmado com o seu tratamento... Imagine que seu organismo está cooperando com o tratamento que você escolheu para se curar....
E imagine que o seu câncer é um mensageiro, comunicando uma mensagem enviada a partir de uma fonte que o ama, para que você se torne mais consciente do que precisa para mudar e se tornar aquela pessoa que deseja ser... afastando-se da sua dor e indo em direção à alegria e à paz... Imagine que o seu câncer tenha trazido esta mensagem de uma fonte que o ama...
E agora, imagine um passo que você possa assumir para usar esta mensagem para sua transformação... um passo que você pode seguir para se tornar a pessoa que deseja ser... ou um passo que pode dar para ajudá-lo a sofrer menos na sua vida...
Comprometa-se a agir nessa direção e decida a data em que vai colocar o seu primeiro passo em prática...
E imagine como se sentirá quando começar a recuperar seu estado natural de saúde.... Suas células brancas estão aumentando e expulsando com facilidade as células cancerosas do seu organismo... o câncer poderá diminuir agora. Ele já está deixando o seu organismo, tendo servido como mensageiro que provocou as mudanças necessárias na sua vida...
Agora, volte a prestar atenção na sua respiração... Comece a ficar consciente do que está à sua volta na sala onde se encontra... Volte ao seu estado normal de consciência trazendo consigo uma sensação de calma e paz.

Logo depois de ter feito este exercício de meditação, escreva quais atitudes pretende tomar, que lhe possam proporcionar mais alegria e diminuir suas dores. Comprometa-se a fazer isso anotando a data em que vai dar o primeiro passo. Lembre-se que é melhor dar imediatamente um passo pequeno do que esperar para dar um passo maior mais tarde.

Nossa sabedoria interior nem sempre nos fornece respostas imediatamente. Se nenhuma resposta surgir logo, crie uma resposta conscientemente. Enquanto parte dessa indicação consciente, fique receptivo a qualquer indicação inconsciente. Talvez ela surja durante a meditação ou em qualquer momento nos dias subseqüentes. Quando a resposta aparecer, escreva-a e coloque-a em prática.

Ao continuar a fazer os exercícios de meditação, você estará assimilando crenças mais saudáveis sobre o câncer, que mais tarde se tornarão uma saudável atitude inconsciente. Assim, você poderá avaliar os seus progressos de aprendizagem. Conscientize-se da sua reação emocional automática quando ouvir falar em câncer (nos noticiários da televisão, nos jornais, no consultório médico, no hospital, no grupo de apoio que freqüenta). Em seguida, compare com a sua reação emocional automática, após algumas semanas de trabalho.

Lembre-se de prestar atenção aos seus níveis de energia e adapte os seus exercícios de visualização às suas necessidades. O objeto deste ou de qualquer outro trabalho de meditação é enriquecer a sua vida e a sua saúde através de um pensamento consciente e intencional.

Se ficar frustrado pelo trabalho de meditação que está fazendo, reflita: de onde vem a frustração? Será que você não estaria criando imagens tão complexas que não possa lembrar-se delas? Simplifique as imagens. Será que precisa de mais informação sobre como o tratamento funciona para poder imaginar que ele está vencendo o câncer ou fortalecendo o seu sistema imunológico?

Sempre peço aos pacientes que me expliquem como acham que funciona o tratamento, de maneira que possamos esclarecer qualquer malentendido, e eles consigam aceitar o tratamento com confiança. Se o paciente estiver fazendo quimioterapia, demonstramos a imagem das células cancerosas sendo atacadas. As células cancerosas são fracas, confusas e vulneráveis, um alvo fácil para a medicina, enquanto as células normais são muito mais fortes e capazes de resistir ao seu efeito tóxico.

Nossos pacientes imaginam todo o tratamento detalhadamente, como se pudessem enxergar o seu corpo por dentro e observar a ação das células. Geralmente, eles enxergam o remédio de quimioterapia como pequenos comprimidos ou pequenas gotas de líquido que se movimentam rapidamente através do organismo, enquanto as células cancerosas ingerem a droga. Alguns pacientes imaginam as células cancerosas explodindo e as células saudáveis apressando-se em limpar os restos. Outros vêem as células cancerosas ficando cada vez mais fracas, até morrerem. Outros ainda se vêem como células brancas movendo-se através da corrente sanguínea, dirigindo outras células brancas, para que destruam as células cancerosas. Também enfatizamos a inteligência das células normais, que sabem que o medicamento não é para elas. Isto ajuda a diminuir os efeitos colaterais. Se o paciente estiver pensando em fazer uma cirurgia, trabalhamos na visualização do cirurgião e sua equipe operando de maneira calma e confiante, o câncer sendo retirado e o corpo recuperando rapidamente a saúde. Peça as informações necessárias para imaginar o melhor resultado final para o seu tratamento.

As imagens que você usa podem mudar no decorrer do tempo. Aceite este fato. Os elementos essenciais são: imaginar o câncer fraco, o organismo forte e o tratamento eficiente.

Logo que tenham criado imagens que lhes parecem corretas, muitos pacientes gravam-nas para usar durante a meditação. Muitas vezes, levam as fitas consigo, enquanto estão recebendo o tratamento. Isto os ajuda a relaxar, diminuir as distrações e aumentar o efeito do tratamento.

Talvez você ache que a meditação toma muito tempo e é muito trabalhosa. Neste caso, diminua a freqüência ou divida-a em blocos. Por exemplo, você poderá imaginar o tratamento como um amigo durante um dos exercícios de meditação e, durante outro exercício, imaginar o câncer como um mensageiro. Quando se sentir à vontade com ambas as imagens, junte-as em uma única meditação.

É muito importante realizar esse trabalho no seu próprio ritmo. Se julgar que o seu nível energético continua baixo após a meditação, peça ajuda a pessoas experientes em aconselhar doentes de câncer. O objetivo da meditação é melhorar a sua sensação de bem-estar e aumentar o seu nível energético.

Sugiro que pare por aqui e comece a próxima parte amanhã ou depois de ter descansado um pouco.

A VISUALIZAÇÃO E A MEDITAÇÃO COMO INSTRUMENTOS PARA DESENVOLVER A CONFIANÇA E A SABEDORIA INTERNA

O funcionamento da imaginação pode ser dividido em processos mentais e espirituais. Os pensamentos, as lembranças, as idéias, o aprendizado, a repetição mental e a dessensibilização (repetir várias vezes uma idéia para diminuir o impacto sobre suas emoções), são considerados processos mentais. A intuição, o sexto sentido, os pressentimentos, respostas a orações e as mensagens recebidas durante a meditação são considerados processos espirituais.

Podem-se usar tanto os aspectos mentais quanto os espirituais da imaginação durante a meditação, criando intencionalmente imagens mentais e tornando-o intencionalmente receptivo a imagens espirituais.

Muitos dos meus pacientes perguntam: como saber a diferença entre uma conversa da minha cabeça (diálogo interno) e uma verdadeira mensagem do espírito? Acho que, antes de mais nada, uma mensagem inspiradora vem acompanhada de uma sensação de que aquilo está correto. Por exemplo, digamos que eu tivesse câncer e durante a meditação eu perguntasse: "Será que vou morrer de câncer?" Se a primeira resposta for "sim" e a segunda for "não" e depois eu passasse a "discutir" comigo mesmo sobre o que poderia acontecer, o que deveria acontecer e o que aconteceu no passado, poderia declarar que esta não me parece que esta era uma mensagem espiritual.

Se, por outro lado, eu fizesse a mesma pergunta durante a meditação e sentisse uma forte sensação de conhecimento, com a idéia "estou vivo neste momento", eu aceitaria e usaria esta resposta como guia. Para mim, esta resposta significaria que a minha pergunta sobre morrer ou não de câncer é irrelevante e que o importante é me concentrar no fato de que estou vivo. Eu me perguntaria: "O que posso fazer agora para agradecer o fato de estar vivo hoje?"

Na primeira meditação, o enfoque foi dado aos processos mentais — o leitor imaginou o seu corpo, o câncer e o tratamento. No final da meditação, o enfoque foi ampliado, e o leitor passou a trazer para dentro da imaginação os processos espirituais — o câncer passou a ser visto como uma mensagem de uma fonte amorosa. Na próxima meditação, você irá aprofundar-se nos processos espirituais, explorando ainda mais as suas crenças sobre a natureza do câncer.

Assim como na meditação anterior, talvez você deseje gravar ou pedir a alguém que grave ou leia em voz alta enquanto medita.

Segunda Meditação

DESENVOLVER A CONFIANÇA

Após ter-se instalado confortavelmente, respire profundamente algumas vezes e, ao expirar, pense "Relaxe". Preste atenção na sua respiração e continue a repetir "Relaxe", enquanto expira. Quando se sentir pronto, feche os olhos...

Enquanto continua a respirar profunda, lenta e confortavelmente, observe a tensão na cabeça e no couro cabeludo. Inspire e expire, e pense "Relaxe"... Observe a tensão no queixo e deixe que o seu queixo relaxe...

Respire profunda, lenta e confortavelmente e continue a deixar o seu corpo relaxar. Deixe o seu pescoço e os ombros relaxarem... e seus braços e mãos.

Agora, deixe as costas relaxarem... e depois o peito... em seguida, o abdômen e agora a pélvis. Isto permite que seu coração, seus pulmões e seu estômago — todos os seus órgãos — relaxem. Respire profunda, vagarosa e confortavelmente e relaxe...

Continue e deixe que seus quadris e suas pernas relaxem .... e agora seus pés...

E com o seu corpo mais relaxado, comece a se imaginar em um local seguro, confortável e protegido. O lugar pode ser real ou imaginário, um lugar onde você já esteve ou um lugar que nunca viu antes. Pare um pouco para imaginar este lugar, enquanto continua a respirar lenta, profunda e confortavelmente...

Quando estiver pronto, comece a imaginar que nasceu em um mundo no qual pretendia ser feliz, saudável e plenamente realizado... Imagine que há dentro de você um projeto genético a ser vivenciado durante uma vida plena e longa... Quando as peças desse molde estiverem completas, após uma longa vida, você sentirá um profundo sentimento de realiza-

ção. Imagine como o molde se comunica com você durante sua vida toda... através de mensagens calmas e sutis, coisas que se chamam instinto, intuição, sexto sentido, sabedoria interior...

Imagine a direção do seu percurso interno sendo reforçada pelo mundo inteiro, pelo universo inteiro... reforçada pela harmonia, alegria e realização...

Agora, imagine como tem sido para você desde que nasceu... Lembre-se das mensagens que recebeu, que diziam "Faça isto", "Não faça aquilo"... Lembre das vozes que diziam "Faça isto, se quiser ser amado"... "Seja assim!" e "Não seja assado!"... "Faça isto" e "Não faça aquilo!"

E imagine que essas vozes altas sobrepujaram as vozes sutis da sua empolgação, dos seus sonhos e da sua imaginação e lembre-se como você, como tantas outras pessoas, seguiram o que diziam as vozes altas... Imagine como o mundo inteiro, o universo inteiro fizeram você, às vezes através de frustração, dor ou enfermidades, se afastar daquilo que você realmente é...

E agora, imagine que você entende mais sobre o que está acontecendo e o que tem acontecido na sua vida... E imagine que está prestando mais atenção nas coisas que o fazem sentir-se bem, reconhecendo-as como sinais para parar ou continuar... Comprometa-se a seguir essas sensações à medida que as reconhece... Aceite essas mensagens que chegam do mundo inteiro. Aceite a crença de que o universo todo quer que você seja quem você é e vai ajudá-lo a ser quem você é...

E agora, imagine-se ficando mais calmo e quieto... ouvindo o seu instinto, a sua intuição, o seu sexto sentido... ouvindo a sua sabedoria interior que o leva na direção de mais alegria e auto-realização... e de menos dor, frustração e doença.

Imagine que o mundo inteiro, o universo inteiro se alegra porque a sua alegria é sentida em todos os lugares e a sua harmonia junta-se à harmonia do mundo inteiro, do universo inteiro...

E agora imagine que ao abrir os olhos estará voltando ao local de meditação com uma sensação de alegria e harmonia... E lentamente comece a perceber quem você é, a perceber as luzes e os ruídos do local... E, quando estiver pronto, abra os olhos e volte ao seu estado normal de consciência, com uma sensação de calma e paz.

Esta é uma maneira de começar a criar mais confiança em si mesmo, no seu mundo e no seu universo. Estará aprofundando o seu relacionamento consigo mesmo, com seu mundo, seu universo, com tudo o que existe. Nesta meditação, você assumiu a postura de acreditar que as forças criativas que existem dentro de nós e ao nosso redor são boas e estão aqui para nos ajudar, pois sabem o que é melhor para nós e nos dão o que precisamos em termos de amor e compreensão. Vamos examinar melhor esses conceitos na série de cartas.

Essa meditação exige muita energia e pode vir acompanhada de muitos pensamentos profundos. Por favor, pense em parar por hoje e continuar amanhã ou depois, ou no momento em que se sentir disposto. Por enquanto, recomendo que faça algo divertido, prazeroso ou calmo ou ainda que faça algo de positivo para si mesmo.

TRABALHO COM A SABEDORIA INTERIOR

Na primeira meditação, examinamos a possibilidade de que o câncer pode estar lhe trazendo alguma mensagem. Na segunda, começamos a desenvolver a possibilidade de que esse mensageiro vem de uma fonte que está tentando direcioná-lo a ter mais saúde e uma vida mais prazerosa. Agora, vamos dar um passo adiante, aprofundando ainda mais o processo espiritual, tentando entrar em contato com a sabedoria interior.

Terceira Meditação

COMUNICAÇÃO COM A SABEDORIA INTERIOR

Depois de se instalar confortavelmente, respire profunda e calmamente e enquanto expira pense "Relaxe". Preste atenção na sua respiração e continue a repetir "Relaxe" enquanto expira. Quando estiver pronto, feche os olhos...

Enquanto continua a respirar profunda, lenta e confortavelmente, observe a tensão na cabeça e no couro cabeludo. Inspire e expire, e pense "Relaxe"... Observe a tensão no queixo e deixe que o seu queixo relaxe...

Respire profunda, lenta e confortavelmente e continue a deixar o seu corpo relaxar. Deixe o seu pescoço e os ombros relaxarem... e seus braços e mãos.

Agora, deixe as costas relaxarem... e depois o peito... em seguida, o abdômen e agora a pélvis. Isto permite que seu coração, seus pulmões e seu estômago — todos os seus órgãos — relaxem. Respire profunda, vagarosa e confortavelmente e relaxe...

Continue e deixe que seus quadris relaxem e suas pernas.... e agora os seus pés...

E com o seu corpo mais relaxado, comece a se imaginar em um local seguro, confortável e protegido. O lugar pode ser real ou imaginário, um lugar onde você já esteve ou um lugar que nunca viu antes. Pare um pouco para imaginar este lugar, enquanto continua a respirar lenta, profunda e confortavelmente...

Enquanto relaxa neste lugar especial, da sua maneira, seguindo o seu próprio ritmo, comece a invocar a sua sabedoria interna, peça ajuda e orientação... Imagine que a sua sabedoria interior está escutando e respondendo ao seu pedido de ajuda... Deixe que a sua sabedoria interior tome a forma que você preferir... Pode ser um conhecido que já morreu... Pode ser uma figura religiosa, um ente espiritual... Pode ser uma pessoa idosa... ou uma pessoa jovem... ou um animal... uma forma indistinta... ou uma luz.

Ou deixe que a sua sabedoria interior se manifeste como um pensamento... ou uma voz calma e tranqüila ou apenas uma impressão ou a sensação de alguém que está presente. Leve o tempo que precisar e deixe que a sua sabedoria interior venha a você de forma que possa ouvi-la e se comunicar com ela...

Permita-se ver, ouvir ou sentir a sua sabedoria interior, sabendo que ela está trazendo uma mensagem de amor do universo...

Se não estiver satisfeito com a primeira forma que se apresentar, passe para outra forma... Você saberá quando estiver em contacto com o mensageiro, pela sua maneira de sentir-se — uma sensação de que aquilo está correto

Quando estiver pronto, faça as perguntas que deseja... Do que precisa para ficar bom? O que precisa fazer para cuidar de si mesmo? Do que precisa para começar a se transformar... Nenhuma pergunta é inadequada... O que você precisa saber?

Quando surgir uma resposta, ela lhe parece correta? Se não, continue a perguntar... Saiba que a resposta verdadeira vem acompanhada de uma sensação... a resposta vem com a sensação de "Ah, eu sei que isto é o que tenho de fazer". A resposta vem com a intuição instantânea...

E quando receber a resposta, concorde em fazer o que deve ser feito. Decida o que fará para iniciar o que deve ser feito... Quando dará o primeiro passo? Em que data?

Se não receber nenhuma resposta, ou pelo menos nenhuma resposta que venha acompanhada da sensação de que se trata da resposta correta, crie a sua própria resposta. Decida o que fazer para aceitar a sua resposta. E comprometa-se a fazer o que deve ser feito. Decida qual o primeiro passo a tomar... e quando.

Resolva colocar as suas decisões em prática assim que for possível, sabendo que essas ações trarão mais alegria para a sua vida e para a vida das outras pessoas... Resolva fazer aquilo que faz sentido para você... e decida agora como e o que deve ser feito e quando dará o primeiro passo.

Nem sempre você receberá respostas às suas perguntas. Quando for o caso, crie a sua própria resposta e atue a partir dela... E enquanto estiver agindo sobre a sua resposta, reconheça que não obteve aquela que desejava e que está receptivo para receber a resposta assim que ela aparecer...

Espere um pouco e congratule-se por dedicar tempo e energia a se comunicar com a sua sabedoria interna... E quando estiver pronto, conscientize-se da sua respiração... Concentre-se em voltar sua atenção ao local onde está, retornando ao seu estado de consciência normal com uma sensação de calma e paz.

Os pacientes às vezes recebem mensagens de um parente que morreu, ou de uma personagem religiosa ou espiritual. Muitos sentem uma mensagem que vem da luz ao invés de vir de uma pessoa. A luz em geral é branca, dourada ou azul. Alguns pacientes contam que a sua sabedoria interior se manifesta de modo muito imaginativo, desde formas transparentes esverdeadas até de animais de estimação! Pouco importa a forma que lhe aparecer, uma vez que se sinta satisfeito com ela.

Pouco importa também que não consiga criar uma imagem de sua sabedoria interior. Quando focalizávamos a sabedoria interior assumindo a forma de guia, descobrimos que muitos pacientes sentiam dificuldade em meditar. Quando ampliamos o conceito para que a sabedoria interior se manifestasse como uma voz ou sensação, os pacientes começaram a usar o método mais facilmente. Acho que será melhor adotar esta meditação, para que a sua sabedoria interior possa ajudá-lo no seu trabalho com este livro.

Você poderá usar a sua sabedoria interior para verificar do que precisa neste momento em termos de apoio, por exemplo. Se você for o acompanhante, poderá usar a sabedoria interior para determinar do que precisa e como comunicar isto à pessoa que está com câncer. Em suas meditações, peça à sua sabedoria interior orientação sobre qualquer coisa que o preocupa agora.

Quando comecei a estudar visualização e meditação, participei de um seminário de motivação para vendas durante o qual fizemos uma meditação semelhante a esta que acabaram de ler, só que naquele caso deveríamos nos encontrar com o que foi chamado de "conselheiro". (Para manter o enfoque no campo de vendas.) Pediram-nos que imaginássemos um elevador que subisse ou descesse. Quando as portas se abrissem, o conselheiro aparecia. Se não gostássemos dele, podíamos colocá-lo dentro do elevador e mandar o elevador para baixo, para que nos trouxesse outra pessoa.

Ao fazer aquele exercício pela primeira vez, vi que meu conselheiro era uma jovem mulher de negócios, vestindo um *tailleur*. Como mandava o exercício, perguntei-lhe o seu nome. Ela me disse que eu ainda não estava preparado para saber. Perguntei o motivo e ela disse que simplesmente eu não estava preparado. Na segunda tentativa vi esta mulher de negócios de novo e perguntei-lhe o seu nome e ela disse novamente que eu não estava preparado. Então, perguntei o que era necessário para que eu me preparasse. Ela respondeu que eu deveria levar o processo mais a sério.

Mais tarde, no mesmo dia, quando fiz o exercício pela terceira vez, vi a mesma mulher e então ela me disse que se chamava Maria. Eu indaguei: "Ah, Maria! Maria de quê?! Há tantas Marias!". Com um tom de voz sério, ela retrucou: "Não. Eu sou Maria". E eu tive uma experiência ímpar. De repente, sabia que era a Maria da Bíblia. Digo que "sabia" porque tive uma profunda sensação. Foi muito mais profundo do que uma simples compreensão intelectual. Uma onda de emoção tomou conta de mim, enquanto tive uma visão do mundo e do universo.

É difícil descrever a visão, mas a partir dela pude ver que tudo que existe nesta terra é bom — tudo e todos têm um propósito de vida. Compreendi que esta bondade tinha pouco a ver com a maneira como estávamos agindo ou a forma como se comportava a raça humana. Pude ver e sentir que fomos feitos da mesma substância de que Deus é feito. Senti uma profunda calma quando entendi isto e esta compreensão era diferente de tudo que havia experimentado até então. Comecei a soluçar e os soluços vinham de uma grande alegria dentro de mim. Tive uma compreensão da dor que havia sentido na vida e também do sofrimento da vida em geral. Foi uma experiência maravilhosa. Fiquei em estado de êxtase durante horas. Embora a visualização tivesse durado menos de cinco minutos, mudou profundamente minha vida.

Será que foi realmente a Maria da Bíblia que surgiu diante de mim? Acho que tem pouca importância. Se foi Maria ou uma metáfora visual de Maria, senti que era ela e continuei a pedir-lhe ajuda e orientação durante muitos anos — e também a outras formas de sabedoria interior.

Reid usou a meditação da sabedoria interior durante pouco tempo antes de decidir que a sabedoria interior que ele estava procurando era Deus. Para Reid, a sabedoria interior vem do Espírito, que o orienta a encontrar a informação ou ajuda de que ele precisa. Para ele, dirigir-se à sabedoria interior é o equivalente a orar e meditar, falar com Deus e escutá-Lo.

Peço que parem de ler por ora e continuem a próxima seção amanhã ou em qualquer outro momento em que se sintam prontos para tal.

TRABALHO COM A DOR

Observei que os pacientes duvidam mais da sua capacidade de influenciar o seu nível de saúde quando estão sentindo dor. Mas, é possível usar a dor como uma oportunidade de fortalecer a sua influência sobre o seu organismo. Em nosso Centro, trabalhamos muito os aspectos mentais e emocionais da dor e vemos grande variedade de resultados. Algumas pessoas deixam de sentir os sintomas dolorosos. Outras são capazes de diminuir os analgésicos. A meditação é um instrumento a ser usado contra a dor, da mesma forma que usamos os remédios. Para umas pessoas é uma resposta maravilhosa, para outras, apenas uma pequena parte da resposta.

Minha filosofia é que se deve sentir o alívio que necessitamos contra a dor. Estar com dor é contraproducente. Consome muita energia e anula nossa capacidade de prestar atenção a outras coisas na vida. Nunca deixei de receitar analgésicos, quando necessário para manter um paciente aliviado e nunca vi um paciente que tenha ficado viciado em analgésicos a não ser que já fosse viciado antes. Use a quantidade de remédios de que precisa como uma resposta a outros aspectos do seu estado mental e emocional.

Em nosso Centro, ajudamos os pacientes a encararem a dor como uma mensagem de amor, assim como o fazemos com a doença em si. Não ignore a dor ou tente afastá-la. Em vez disso, pergunte-se: "De que forma esta dor está tentando me ajudar?" A dor tem sempre dois componentes: a condição física subjacente e a mensagem que ela está tentando enviar. Faça o necessário para aliviar a dor física, mas não deixe de fazer o trabalho mental e emocional também. O elemento mental e emocional da dor pode ser grande ou pequeno, mas está sempre presente.

Eis uma experiência prática: da próxima vez que sentir qualquer tipo de dor, pense que ela está servindo para distraí-lo de algum desafio difícil da sua vida. Pergunte-se: "Se eu não estivesse sentindo esta dor, em que estaria pensando?" Continue a se perguntar isso. Minha experiência indica que a resposta vem após três ou quatro indagações. Quando se lida com o problema de maneira saudável (em geral, trocando crenças prejudiciais por crenças benéficas), com freqüência a dor desaparece. A meditação a seguir poderá ajudar a lidar com a dor desta maneira.

Alguns pacientes têm medo de que se prestarem atenção à dor ela vai aumentar. Com minha experiência de 25 anos de trabalho com a dor, tornei-me pragmático. Se a distração funciona, no seu caso, se ouvir música ou assistir a um filme fizer com que a dor desapareça, por momentos, ótimo. Mas, a maioria das pessoas tem muito medo da dor e criam resistência a ela; porém, se se permitirem aproximar-se da dor, talvez consigam que ela diminua. A meditação a seguir pode ajudá-lo a usar a imaginação para criar um relacionamento mais íntimo com ela, para que possa começar a ouvir o que ela tem a dizer, de maneira mais relaxada e até mesmo influenciá-la mais diretamente.

Antes de começar a meditar, escreva em seu diário contra o que a dor o está protegendo. Depois, descreva suas crenças a respeito. Em outra página, anote as crenças positivas sobre a dor. Quando estiver pronto para começar, mantenha a lista de crenças saudáveis à mão, para que possa abrir os olhos e ler o que escreveu.

Quarta Meditação

AUMENTAR A CONFIANÇA EM SI MESMO ATRAVÉS DO TRABALHO COM A DOR

Depois de se instalar confortavelmente, respire profunda e calmamente e, enquanto expira, pense "Relaxe". Preste atenção na sua respiração e continue a repetir "Relaxe" enquanto expira. Quando estiver pronto, feche os olhos...
Enquanto continua a respirar profunda, lenta e confortavelmente, observe a tensão na cabeça e no couro cabeludo. Inspire e expire e pense "Relaxe"... Observe a tensão no queixo e deixe que o seu queixo relaxe...
Respire profunda, lenta e confortavelmente, e continue a deixar seu corpo relaxar. Deixe o seu pescoço e os ombros relaxarem... e seus braços e mãos.
Agora, deixe as costas relaxarem... e depois o peito... em seguida, o abdômen e agora a pélvis. Isto permite que o seu coração, seus pulmões e seu estômago — todos os seus órgãos — relaxem. Respire profunda, vagarosa e confortavelmente e relaxe...
Continue e deixe que seus quadris relaxem e suas pernas.... e agora os seus pés...
E com seu corpo mais relaxado, comece a se imaginar em um local seguro, confortável e protegido. O lugar pode ser real ou imaginário, um lugar onde você já esteve ou um lugar que nunca viu antes. Pare um pouco para imaginar este lugar, enquanto continua a respirar lenta, profunda e confortavelmente...
Quando estiver pronto, comece a se concentrar na área da dor e relaxe esta área... Expire e inspire e relaxe a área da dor... Imagine a área como uma faixa apertada de borracha e mantenha esta imagem por alguns segundos... Agora, afrouxe a faixa de borracha e deixe a área onde sente a dor relaxar...
Repita o que acabou de fazer... Conscientemente aperte a área de dor durante cerca de dois segundos e relaxe... relaxe a área de dor...

E, enquanto a área relaxa, sinta o sangue fluindo naquela direção... imagine uma luz dourada penetrando na área da dor...

E, enquanto a área relaxa, sinta o sangue fluindo para aquela área... sinta a energia fluindo para aquela área... Relaxe a área e deixe que o sangue e a energia fluam naquela direção...

Respirando lenta, profunda e confortavelmente, comece a imaginar a cor da sua dor. Qual a cor da sua dor?... Mude essa cor para uma de que você goste... Intensifique a cor... e depois diminua a sua intensidade.

Continue a respirar lenta, profunda e confortavelmente e agora comece a imaginar a textura da sua dor... É áspera?... Ou suave?... A dor é dura... ou macia? Modifique a textura para a que gostar mais...

Aumente a imagem da dor... e depois diminua...

E agora, enquanto continua a respirar lenta, profunda e confortavelmente, dirija sua respiração para a área da dor.... Imagine que sua respiração ilumina a área... Imagine uma luz dourada fluindo para a área da dor...

Pedindo força e apoio à sua sabedoria interior, lembre-se das circunstâncias difíceis da vida e das crenças nocivas contra as quais essa dor está protegendo você... Quando estiver pronto, abra os olhos por um instante e leia as novas crenças que gostaria de adotar... Leve o tempo que for necessário. Repita-as mentalmente e feche novamente os olhos e relaxe... Respire lenta, profunda e confortavelmente...

Agora imagine-se fazendo o que é importante para resolver um grande desafio na sua vida... Qual o primeiro passo para enfrentar esse desafio? Quando dará esse primeiro passo? E como?

E agora, imagine como ficará a sua vida depois que desaparecer essa dificuldade... Imagine como a sua vida vai melhorar, de que maneira vai melhorar o seu relacionamento consigo mesmo e com os outros...

E agora, imagine que a área dolorida está ficando normal de novo... Imagine que está sem dor... Está-se sentindo bem, forte...

E quando estiver pronto, conscientize-se da sua respiração... Concentre-se em voltar a prestar atenção ao local onde está, voltando ao seu estado de consciência normal com uma sensação de calma e paz.

Use essa meditação com regularidade três a quatro vezes ao dia, durante dez a quinze minutos.

Agora vou descrever outra técnica que acho útil, sobretudo se você não tem tempo ou vontade de fazer um exercício inteiro de meditação. Quando surgir a dor, imagine-se tomando parte numa atividade útil — peça ajuda à sua sabedoria interior para imaginar uma atividade saudável.

Por exemplo, tive um problema de artrite aguda no tornozelo. Descobri que as crenças que eu precisava mudar referiam-se ao trabalho e à ajuda que recebia no meu trabalho. A imagem que precisava manter era a de jogar bola com meus filhos. Antes de começar a andar, pensava naquela imagem e parecia que a atividade estava preparando o meu tornozelo para ser suficientemente forte e flexível para que eu brincasse com os meus filhos. A imagem deu uma perspectiva maior à minha dor. Em lugar de apenas ter de atravessar a sala para atender ao telefone, era como se eu estivesse fazendo um exercício de reabilitação. O desconforto ainda estava presente, mas eu consegui relaxar ao invés de simplesmente ignorá-la e resistir a ela. Era uma experiência diferente e muito menos dolorosa.

Gostaria de descrever como funcionou esse processo para um homem que chegou ao Centro sentindo muita dor devido ao estado adiantado do câncer. Ele estava tomando tantos medicamentos que sentia-se tonto o tempo todo e ficava em constante atividade porque a dor piorava quando ele parava. Também descobrimos que ele estava muito preocupado com a fábrica que dirigia. Sua lista de crenças era a seguinte:

Vou falir e perder minha empresa.
Vou perder minha casa e não conseguirei sustentar minha família.
Minha esposa vai-me abandonar e ficarei sozinho.
Aí vou morrer totalmente pobre e sozinho.

Usando as cinco perguntas para avaliar as suas crenças, ele criou novas crenças contrárias, para usar durante a meditação:

Posso ou não pedir falência, mas mesmo que isto aconteça há muitas coisas que posso fazer para cuidar de mim do ponto de vista financeiro.
Posso ou não decidir me mudar para uma casa menos onerosa. Minha família talvez precisa mudar de estilo de vida e isto pode ser feito de uma forma que seja boa para todos nós.
Minha mulher pode ou não querer me abandonar, mas ainda existem outras pessoas importantes na minha vida.
Um dia eu vou morrer, mas não necessariamente pobre e muito menos sozinho, e há muita coisa que posso fazer para modificar essa situação.

Sempre que a dor aparecia como um lembrete, ele se concentrava nessas crenças mais saudáveis. Ele também as partilhava com sua esposa e o relacionamento dos dois mudou radicalmente. Ela lhe assegurou que não pretendia abandoná-lo, seja por razões financeiras ou de saúde, e ajudou-o a pensar em outras opções para a questão financeira.

À medida que a dor aumentava e diminuía, ele passou a observar uma relação clara entre o que pensava e a profundidade da dor que sentia. Ele também passou a se imaginar jogando golfe de novo e descobriu que podia diminuir a dor que sentia ao andar, pensando que estava se fortalecendo para poder voltar a jogar golfe. Aos poucos, ele foi reduzindo os remédios contra a dor, pois notou que precisava de menos e não porque achava que tinha de fazê-lo. Ele também deu-se conta de que a dor piorava logo de manhã. Sugerimos que colocasse o despertador para uma hora antes da habitual, para tomar o remédio e levantar-se uma hora depois, sentindo-se bem. Para ele, o fato de não se levantar com dor mudava completamente seu estado de espírito o resto do dia.

Como podem ver, não havia uma solução única que funcionasse para aquele homem. Foi sua própria vontade de aquilatar sua dor e usar os instrumentos que lhe oferecemos, o que permitiu que sua sensação de bem-estar melhorasse sensivelmente.

A última meditação deste capítulo tem por objetivo atenuar o medo da morte. Se decidir que é melhor não entrar nesta seção, não há nenhum problema. Faça isto quando se sentir preparado. Neste ponto, se tiver feito as quatro primeiras meditações, já deve ter obtido progressos na aquisição de crenças saudáveis sobre si mesmo e a natureza do seu universo. Continue trabalhando com as meditações de acordo com as suas próprias necessidades e desejos. Continue a prestar bastante atenção ao seu nível de energia depois da meditação e adapte o tempo despendido com ela de maneira adequada.

A MEDITAÇÃO PARA ABRANDAR O MEDO DA MORTE

Acho que é muito útil usar o processo de meditação para começar a lidar com um dos grandes obstáculos da vida: enfrentar o medo da morte. Se não estiver pronto para fazer isto, pule esta meditação. Volte atrás, quando se sentir preparado. Isto pode acontecer daqui a alguns dias, semanas ou meses, ou até mesmo anos. Você ainda poderá continuar com o trabalho exposto neste livro. Neste caso, passe para o capítulo 5, o Plano Bienal de Saúde.

A morte é um dos tópicos mais delicados e explosivos que consta do novo programa do Centro Simonton para o Tratamento do Câncer. Um número pequeno de pessoas, porém significativo, sentem-se deprimidas quando este assunto é abordado. Confrontar e trabalhar a depressão exige bastante tempo e energia. Portanto, sugiro que peça ajuda ao seu guia interior. Fique tranqüilo e pergunte à sua sabedoria interior se é um bom momento para explorar a morte. Se a resposta for positiva e se você tiver uma forte sensação de que poderá fazer isto agora, continue o trabalho desta seção. Se a resposta for negativa, ou se não tiver certeza do que é, mais uma vez sugiro que passe para a próxima seção. Volte a este assunto quando estiver sentindo que é a coisa certa a fazer. Se estiver indo a um terapeuta, talvez queira que ele o ajude a tratar a questão da morte.

O objetivo de examinar a morte é abrandar seu medo dela e assim aumentar sua energia para viver a vida hoje. Isto pode ser feito, modificando suas crenças menos saudáveis sobre a morte e o ato de morrer, adotando crenças mais saudáveis sobre a morte e o ato de morrer, usando a visualização para fazer essas mudanças, assim como usou a meditação sobre o câncer e o tratamento.

Convém lembrar que nossas crenças culturais predominantes sobre a morte são bastante prejudiciais. Em nossa cultura, crê-se que morrer é uma experiência longa e dolorosa, a respeito da qual nada podemos fazer. A morte é um sinal de fracasso. Ela é a pior coisa que pode nos acontecer. Teste o valor da saúde relativo a essas crenças respondendo às perguntas da página 55. Também pense que o instrumento que usamos basicamente para lidar com a morte é negando-a. A maioria das pessoas lida com a morte fingindo que ela não existe, e fazemos isso diante do fato de que 200 mil pessoas morrem diariamente no nosso planeta. Quero que pare um instante para considerar o fato de que está-se afastando dessas crenças culturais nocivas e da negação pura e simples, só por estar lendo esta seção.

Ao examinar as suas próprias crenças sobre a morte e o ato de morrer, é importante prestar atenção em três áreas:

1. Suas crenças sobre a morte e o ato de morrer, em geral.
2. Suas crenças sobre como será o seu processo de morte.
3. Suas crenças sobre a vida após a morte.

Use a primeira das quatro perguntas da página 55 (muitas pessoas pulam a quinta pergunta por acharem que os "fatos" da vida após a morte são desconhecidos ou pelo menos sujeitos a controvérsia), para determinar o valor saudável das suas crenças.

Muito se aprendeu nos últimos 20 ou 30 anos com Elisabeth Kübler-Ross, Raymond Moody e outros que fazem estudos importantes sobre a morte e o ato de morrer. A partir da experiência deles, vou propor algumas crenças saudáveis sobre as quais você deve refletir:

1. Você pode influenciar seu ato de morrer da mesma forma como pode influenciar sua maneira de viver. Se quiser morrer de certa maneira, então é importante viver dessa maneira.

2. A morte é um rápido período de transição entre a vida física que conhecemos e uma existência que vem a seguir. A morte é o fim desta nossa existência física, assim como o nascimento foi o começo.

3. Após a morte, a sua essência, ou alma, continua uma existência que é desejável.

Para ajudar o leitor a modificar suas crenças em relação a essas e outras crenças saudáveis sobre a morte e o ato de morrer, vou descrever a meditação usada nas sessões dos nossos pacientes. Se o seu acompanhante estiver participando dos exercícios e também se sentir preparado para participar deste processo, talvez vocês dois descubram que esta meditação pode ser uma maneira útil de discutir o medo que talvez sintam em relação à morte. O fato de colocar esses pensamentos em palavras pode ajudar a fortalecer os canais de comunicação entre vocês.

Quinta Meditação

AUMENTAR O NÍVEL DE ENERGIA PARA SE CURAR E DIMINUIR O MEDO DA MORTE

Depois de se instalar confortavelmente, respire profunda e calmamente, e enquanto expira pense "Relaxe". Preste atenção na sua respiração e continue a repetir "Relaxe" enquanto expira. Quando estiver pronto, feche os olhos...

Enquanto continua a respirar profunda, lenta e confortavelmente, observe a tensão na cabeça e no couro cabeludo. Inspire e expire, e pense "Relaxe"... Observe a tensão no queixo e deixe que o seu queixo relaxe...

Respire profunda, lenta e confortavelmente e continue a deixar o seu corpo relaxar. Deixe seu pescoço e ombros relaxarem... e seus braços e mãos.

Agora, deixe as costas relaxarem... e depois o peito... em seguida, o abdômen e agora a pélvis. Isto permite que seu coração, seus pulmões e seu estômago — todos os seus órgãos — relaxem. Respire profunda, vagarosa e confortavelmente e relaxe...

Continue e deixe que seus quadris relaxem e suas pernas.... e agora seus pés...

E com o seu corpo mais relaxado, continue a respirar profunda, lenta e confortavelmente. Quando se sentir pronto, comece a imaginar aproximando-se da morte... Onde está você? Que idade aparenta ter?

Imagine-se no local em que gostaria de estar quando a morte chegar... Imagine-se na idade que gostaria de ter quando a morte chegar...

Agora, continue a imaginar-se chegando cada vez mais perto da morte... Imagine-se no seu leito de morte... Quem está ali? O que está sendo dito?

Respire profundamente e relaxe... relaxe... Imagine-se no seu leito de morte... Imagine-se rodeado pelas pessoas que gostaria que estivessem presentes... E imagine-se trocando mensagens de amor e sendo con-

fortado por aqueles que estão com você... O que sente vontade de dizer? O que precisaria fazer para sentir-se pronto para morrer?... O que quer que sejam essas coisas, saiba que precisa dizer e fazer agora...

Continue a se imaginar chegando cada vez mais perto da morte... Agora está começando a entrar no ato de morrer... Sua energia, sua essência, sua alma está começando a abandonar o seu corpo físico...

Sinta a energia que sobe, a partir dos seus pés. Coopere com esta energia, permitindo que ela suba através do seu corpo, até o alto da sua cabeça. Você está indo em direção à luz... sempre em direção à luz... Você está se movendo em harmonia com as forças amorosas e criativas do universo... Concentre-se nas imagens que o fazem sentir-se bem... Imagine-se no fluxo do universo... Respire profundamente... Siga a sua respiração.

O universo está respirando você, cuidando de você... Você está deixando o seu corpo e indo em direção à luz... Está se juntando às forças criativas e amorosas que criaram todos nós... E você pode relaxar, relaxar...

Enquanto junta-se às forças criativas do universo, você poderá adquirir uma nova perspectiva. Poderá olhar para a sua vida... O que teria gostado de ter feito com mais freqüência? O que gostaria de ter feito com menos freqüência?

Decida começar a fazer mais as coisas que lhe dão alegria e menos as coisas que lhe causam dor. O que vai fazer para proporcionar mais alegria à sua vida? Qual será o seu primeiro passo em direção ao objetivo?

E agora, sentindo-se livre do seu corpo físico, você pode começar a explorar... Imagine-se preparando-se para nascer... Onde será? Quem gostaria de ser? O que seria importante para você nessa sua nova vida?

Enquanto começa a fazer novas escolhas e a vivenciar a mudança, você estará morrendo para o velho e nascendo para o novo... Você está morrendo para as velhas experiências e velhas crenças e nascendo para novas experiências e novas crenças ... Saiba que este processo continua sem cessar... que você está constantemente morrendo para o que é velho e nascendo para o que é novo... Você está sempre abandonando um momento para passar ao próximo...

E agora, enquanto se prepara para voltar à sua consciência alerta normal, lembre-se dos pensamentos e sentimentos de conforto que gostaria de trazer de volta com você... Lembre-se das decisões que tomou sobre as mudanças que gostaria de fazer na sua vida, assim como o que fará para realizar essas mudanças e o momento em que dará o primeiro passo... Lembre-se de que está examinando novas crenças a respeito da morte e do ato de morrer, que lhe darão mais entusiasmo para viver a vida hoje... E leve consigo esses pensamentos ao voltar ...

E quando estiver pronto, conscientize-se da sua respiração... da luz que há na sala... e dos ruídos ao seu redor... Quando tiver vontade, abra os olhos.

Pela minha experiência com esse processo, posso afirmar que ela é energizante e levanta o moral daquelas pessoas que se sentem prontas a participar dela. Se achou o processo difícil, por favor peça ajuda ao seu terapeuta ou discuta os seus sentimentos com os participantes do seu grupo de apoio e com os indivíduos que considera parte da equipe que cuida de você. Este é um bom momento para aprender a pedir a ajuda de que necessita.

Quer tenha ou não feito a meditação sobre a morte ou tenha simplesmente lido esta seção, por favor interrompa a leitura por hoje.

5

O plano bienal de saúde
Estabelecer objetivos para recuperar a saúde

Espero ter passado a idéia de que o trabalho com processos mentais e espirituais é da maior importância. Entretanto, trabalhar somente com estes processos poderia ocasionar desequilíbrios. É portanto essencial manter-se ligado ao mundo físico. Desenvolver um plano bienal de saúde exige muita reflexão, pois trata-se basicamente de modificar a rotina diária em seis áreas diferentes durante um período de dois anos. Se fôssemos pensar apenas no que queremos fazer, e meditar sobre essas coisas, pouco seria executado concretamente. Contudo, o plano bienal de saúde pode ajudar a traduzir as intenções em realidade tangível.

Sendo um homem de negócios acostumado a utilizar planos, gráficos e fluxogramas em seu trabalho, Reid gostou de criar e usar o seu plano bienal de saúde. Mesmo quando se está doente, estabelecer e atingir objetivos dará uma sensação de realização e progresso em direção à cura.

Os objetivos recomendados no plano bienal de saúde são objetivos básicos, isto é, o mínimo que se deseja atingir. Não se apresse em criar um plano. Estabeleça metas com a atitude de *que isto é o que vai fazer* e não o que deseja ou poderia fazer. Examine suas crenças em cada área e analise-as, usando a lista de cinco questões de Maultsby (capítulo 4, página 55) para avaliar o seu valor de saúde. Esta semana, estabeleça metas só para as primeiras três áreas. Leve várias semanas para completar essa tarefa. Você poderá voltar a examinar o plano, enquanto lê a série de cartas e, evidentemente, sempre poderá modificar o que quiser, pois trata-se apenas de uma estrutura que servirá de orientação.

Veja o exemplo da próxima página, que a ajudará a seguir as instruções. No final do capítulo, colocamos um gráfico em branco que poderá ser fotocopiado para que você possa fazer vários rascunhos antes de estabelecer seu plano.

COMO ESTABELECER SEU PLANO

Passo n? 1

As atividades da nossa vida foram artificialmente divididas em seis categorias diferentes: objetivos de vida, lazer, exercícios físicos, apoio social, nutrição e pensamento criativo. Para começar este exercício, leia cuidadosamente a seguinte explicação sobre as seis categorias:

1. *Objetivo de vida:* Atividades que respondem à questão: "Por que estou aqui?" Elas podem incluir o seu trabalho, o seu papel no contexto familiar, suas atividades espirituais e cívicas, ou qualquer outra coisa que lhe dê uma razão ou alegria de viver.
2. *Lazer:* Qualquer atividade que produza sentimento de alegria ou que possa ser considerada como "divertir-se".
3. *Exercício:* Qualquer atividade física ou qualquer tempo dedicado mentalmente à concentração de atividades físicas (sobretudo para aqueles temporariamente impedidos de fazer exercícios físicos).
4. *Apoio social:* O tempo passado com a sua família e amigos, ou o tempo destinado a um psicoterapeuta, sacerdote, grupo religioso ou de apoio.
5. *Nutrição:* Esta categoria não inclui apenas o fato de comer, mas qualquer esforço feito no contexto de alimentos e nutrição — o preparo das refeições, ingestão de vitaminas, participação em grupos de apoio que tratam de dieta e a leitura e aprendizado sobre alimentos e nutrição. Suas crenças sobre os alimentos e a nutrição são extremamente importantes.
6. *Pensamento criativo:* A meditação e a visualização estão contidas nesta categoria, assim como quaisquer formas específicas de relaxamento intencional. Leitura, seminários ou cursos relacionados a essas áreas também podem ser incluídos.

Passo n.º 2

Em um pedaço de papel, anote cada uma das categorias, em seguida, enumere as atividades que entrem em cada uma dessas categorias. (Lembre-se de que na vida real, várias categorias podem se sobrepor em uma única atividade. Classifique como achar melhor essa atividade: não existem respostas certas ou erradas.) Calcule o número de horas que passará cada semana em cada área. Talvez fique surpreso com algumas de suas respostas. A sua divisão do tempo reflete uma abordagem equilibrada da sua vida? Reflete os valores que gosta de acreditar que possui? Reflete as suas verdadeiras prioridades?

Muitos pacientes dão-se conta de que estão dedicando 90 por cento do seu tempo a coisas que acham que deveriam fazer, e apenas 10 por cento do tempo a coisas que gostariam de fazer. Eles precisam de um equilíbrio entre suas obrigações e seus desejos. Um desequilíbrio pen-

PLANO BIENAL DE SAÚDE

	3 meses	6 meses	9 meses	12 meses	15 meses	18 meses	21 meses	24 meses
Nutrição	quatro refeições saudáveis por semana	seis refeições saudáveis por semana	oito refeições saudáveis por semana	PARE POR AQUI AGORA E TERMINE O PLANO NAS PRÓXIMAS SEMANAS				quatorze refeições saudáveis por semana
Apoio Social		1 hora por semana	2 horas por semana					6 horas por semana
Diversão			30 minutos por semana					7 horas por semana
Digestivo								5 horas por semana
Meditação								20 minutos por dia, 6 dias por semana
Exercícios								15 minutos, 3 dias por semana

dendo para o lado dos "deveria" pode levar à depressão e desesperança, enquanto nossos desejos penderão naturalmente para a direção do equilíbrio.

Lançando o olhar para daqui a dois anos, o que gostaria mais de conseguir? Não precisa ser muito específico em relação a isso, mas é importante estabelecer alguns objetivos gerais a longo prazo.

Passo n.º 3

Estabeleça a ordem das categorias a partir do seu desejo de trabalhar com elas, além da experiência que possui em relação às suas atividades. Por exemplo, você gasta a maior parte da sua energia com o apoio social, mas gostaria de despender mais tempo com dieta e nutrição, então a dieta e a nutrição devem converter-se em prioridades.

Por outro lado, se nunca se preocupou com a nutrição e é mais do tipo que "come o que estiver à sua frente", não coloque esta categoria em primeiro lugar, apenas por achar que deve fazê-lo. A sua prioridade número um deve ser algo em que realmente está interessado ou de que realmente goste.

Coloque suas categorias por ordem em um gráfico semelhante ao da página 85. (No final do capítulo há um gráfico em branco.)

Passo n.º 4

Agora, você passará a estabelecer objetivos mais específicos. Na primeira categoria, a da prioridade número um, você deverá criar um objetivo de três meses. Recomendo aos meus pacientes que esta meta se restrinja a *metade* daquilo que está atualmente fazendo nessa área. Por exemplo, se escolher se concentrar na nutrição, e atualmente você está ingerindo oito refeições saudáveis por semana, diminua para quatro refeições saudáveis por semana. Lembre-se de que não se trata de atingir o máximo e sim de chegar a um limite mínimo — você deve alcançar este objetivo, apesar das circunstâncias. Para atingi-lo, você quase deverá querer falhar.

Após o objetivo de três meses, crie um de seis meses e depois de nove meses, apenas para a primeira categoria. Se o objetivo dos três meses for de quatro refeições saudáveis, o de seis meses deve ser de seis refeições saudáveis por semana e o de nove meses deverá ser de oito refeições saudáveis — o ponto em que você se encontra neste momento.

À primeira vista, estabelecer objetivos dessa natureza pode parecer contraproducente; por isso, quero expor por que esse método funciona. Os objetivos não são utilizados para lhe fixar limites, mas apenas para determinar metas específicas. Quase que automaticamente, você irá realizando mais do que o que se propôs fazer. Lembre-se de que por estar doente e submetendo-se a tratamentos, talvez deseje fazer menos do que estava habituado. Os objetivos básicos oferecem flexibilidade e também ajudam-no a valorizar o que tem feito ultimamente.

Esse método de estabelecer objetivos também se confronta com pensamentos que criam medo, do gênero "Tenho de me apressar e fazer algumas mudanças, senão vou morrer". Estabelecer um ritmo suave ajuda a lidar com o tipo de desespero e medo de maneira benéfica. Esse método também impede que você se arrisque a fazer algo nunca tentado antes, como exercícios físicos, por exemplo, para torná-lo a prioridade básica, com objetivos irreais. Isto não significa que não possa fazer exercícios, mas sim que poderá começar a fazê-los de maneira suave. Poderá executar os exercícios que achar adequados; no entanto, o seu enfoque será a longo prazo — o nível que quer atingir daqui a dois anos e como chegar lá de forma saudável. Você não precisará exercer pressão sobre si mesmo para atingir o seu objetivo no dia seguinte.

Ir mais devagar também permite atingir os objetivos de maneira prazerosa. Não é necessário criar mais "obrigações" para si mesmo! Use a criatividade para tornar essas mudanças saudáveis com algo agradável ou estimulante. Tente colocá-los na categoria do "desejável". Não vá correr, se acha desagradável, mesmo que alguém lhe diga que se trata de um excelente exercício. Descubra algo de que gosta — mas ouça a opinião de profissionais da área — para que sinta que está se proporcionando uma recompensa ao praticar exercícios.

Finalmente, preste atenção em uma categoria fundamental que não foi mencionada aqui: o descanso. Conscientize-se quando precisa descansar em qualquer uma das categorias. Aprenda a conhecer os seus limites — físicos, mentais e emocionais. Fique mais alerta às informações que são constantemente dadas pelo seu corpo e pela sua mente.

Por enquanto, estabeleça um único objetivo para três meses — o da sua prioridade número um.

Passo n.º 5

Agora, está pronto para estabelecer os objetivos da sua prioridade número dois. O primeiro objetivo é para seis meses. O segundo para nove meses. Pare por aqui e passe para a terceira prioridade.

Passo n.º 6

O primeiro objetivo que estabelecer para a atividade que colocar em terceiro lugar é um objetivo para nove meses. Trata-se do único objetivo que irá escrever para esta categoria.

COMPLETANDO O PLANO BIENAL DE SAÚDE

As suas primeiras categorias são suficientes para serem trabalhadas neste momento, e recomendo que não ultrapasse o objetivo de nove meses para cada uma delas. Leve o tempo que precisar para atingir o resto do plano bienal de saúde. Dedique pelo menos algumas semanas para estabelecer o resto dos seus objetivos para a primeira das três categorias e também para organizar os objetivos da quarta, quinta e sexta prioridades. Lembre-se de que o primeiro objetivo é a metade do que está executando agora. Se não estiver fazendo nada em uma área específica, comece com um intuito modesto. Faça com que os objetivos sejam mais fáceis do que difíceis, e que sejam concretos, para que possa medir o seu progresso. Lembre-se de que os objetivos devem ser tão fáceis que se torne praticamente impossível não atingi-los. Sempre será possível voltar atrás e revisá-los depois.

Recomendo que o plano seja revisto a cada três meses. Coloque-o em um lugar de destaque — na porta da geladeira ou dentro do armário do banheiro. No final dos nove meses, verá que estará encarando a sua vida de maneira bastante diferente. Alguns dos nossos pacientes estão entrando no décimo quinto ano do plano de saúde e ficando cada vez mais fortes.

Nos últimos vinte anos, tive a oportunidade de observar muitos pacientes reorganizarem suas vidas e passarem por remissões longas de tumores em estado adiantado. Qualquer que fosse o enfoque básico do seu plano de saúde no começo, à medida que o tempo foi passando, outras zonas ficaram mais importantes e a área inicial deixou de ser considerável. Eles criaram um enfoque mais equilibrado em relação à vida em geral.

No início, existe uma tendência para serem mais intensos, rígidos e zelosos em relação às suas atividades. À medida que continuam a ter boa saúde, os pacientes passam a adotar uma abordagem mais relaxada e confiante. Eles passam a sentir que o que fizeram não foi tão espetacular e declararam com freqüência que qualquer um pode fazer a mesma coisa. É necessário assumir um firme compromisso para colocar essas sensatas determinações em prática.

Agora, vamos examinar algumas das perguntas e dos problemas mais comuns que surgem quando começamos a trabalhar com planos.

Apoio social

Nesta área, certifique-se de que os seus objetivos não dependem da iniciativa de outras pessoas. Por exemplo, se você quiser passar mais tempo conversando com seus filhos adultos, não transforme isto no seguinte objetivo: "Pedir aos meus filhos que telefonem uma vez por semana", pois talvez eles não o façam. Ao invés disso, transforme o objetivo em algo do gênero "Tentar entrar em contato com cada um dos meus filhos uma vez por semana". Isto depende das suas ações e não das deles.

Muitos pacientes planejam pedir ajuda algumas vezes por semana. Isto poderá ser muito constrangedor para eles, porque pessoas propensas a adquirir câncer têm em geral um sentimento profundo de que não merecem ajuda. É importante que modifiquem o hábito de se considerarem auto-suficientes. Devem lembrar que se se dispuserem a alcançar aquele objetivo, terão de pedir ajuda. Não importa, se a pessoa a quem solicitarem apoio disser que sim ou que não.

Se pretender participar de um grupo de apoio a doentes de câncer, não faça disso o seu objetivo. Especifique quantas vezes por semana ou por mês você irá participar. Ou concorde em experimentar ir a um grupo durante certo número de sessões antes de tomar a decisão de participar ou abandonar o grupo. Quanto mais específicos forem os seus objetivos, mais fácil será medir o seu progresso.

Algumas pessoas acham que buscar apoio social pressupõe que elas se tornem mais receptivas e expansivas do que são por natureza. Se você é uma pessoa reservada, siga sua tendência natural. É preferível aumentar a sua receptividade *consigo mesmo* e encarar os sentimentos que surgirem a partir daí. Isto também pode ser feito sem abrir mão da sua intimidade. Um grupo de apoio também poderá respeitar a sua necessidade de privacidade. Talvez até existam no grupo outros participantes mais reservados que vão gostar da sua presença.

Dieta

A dieta é um fator importante de melhora, porque a sua capacidade natural de se curar depende de uma boa alimentação. As orientações sobre nutrição que oferecemos no centro são básicas e bem conhecidas. Desde o final dos anos 70, recomendamos os "Dietary Guidelines for Americans", publicados pelo Ministério da Saúde. Elas foram adotadas pela Sociedade Americana de Cancerologia e pelo Instituto Nacional do Câncer, alguns anos mais tarde.

Em resumo, os princípios são os seguintes:

- aumento do consumo de frutas e legumes, sobretudo frutas e legumes frescos;
- diminuição do consumo de carne vermelha e aumento do consumo de carne branca;
- mais alimentos ricos em fibras;
- menos açúcar, menos sal, menos gordura e óleo;
- cafeína equivalente ao máximo de duas xícaras de café por dia;
- álcool equivalente a duas doses por dia (ou seja, 50 gramas), ou menos.

É claro que esses princípios são somente diretrizes gerais e permitem grande variedade de escolhas.

No Centro, nós nos concentramos basicamente na atitude do paciente em relação à sua dieta e alimentação. Acho isto muito mais importante do que os detalhes exatos daquilo que eles comem. Se você está fazendo mudanças saudáveis em sua dieta, será que elas estão sendo realizadas com entusiasmo e animação? Ou você está encarando-as como mais um dos lados sombrios da doença, uma obrigação ou um sacrifício por algo de que antes gostava? Se você está seguindo uma dieta rigorosa e acha que deve continuar a segui-la quaisquer que sejam as conseqüências, talvez não esteja se ajudando. É mais saudável concordar com uma dieta sabendo que vai persegui-la durante certo período de tempo, para depois avaliar se ela está ou não o ajudando a se sentir melhor.

Tive pacientes que insistiram em submeter-se a seguir uma dieta que estava provocando efeitos tão negativos sobre o seu organismo, que sua saúde chegou a um nível perigoso, algumas vezes até o ponto de levá-la à morte. Já vi outros pacientes usarem a mesma dieta e ficarem bons.

Deve-se ter muito cuidado para não usar uma dieta com o intuito de se punir por abusos cometidos anteriormente com a alimentação. O importante é concentrar-se na recompensa e não no castigo. Adote um regime como uma forma de gratificar-se por estar cuidando de si mesmo, e se protegendo durante este período difícil.

Se estiver constantemente com fome e cansado, se estiver sentindo-se constantemente desanimado por continuar a fazer a dieta que escolheu ou se estiver sempre escapulindo da dieta, preste atenção. Não tenha medo de pensar em mudar de dieta. Talvez ela tenha sido boa durante algum tempo, mas quem sabe tenha chegado o momento de passar para outro programa que se adapte melhor às suas necessidades atuais.

Preste atenção ao seu corpo — escute o que ele tem a lhe dizer. Por exemplo: Reid tornou-se vegetariano durante algum tempo, mas logo descobriu que a carne lhe fazia falta. Isto não quer dizer que todos precisam comer carne. Significa que Reid descobriu que ele se sentia melhor e com mais energia depois de comer carne. Também experimentou algumas vitaminas, começando com um programa que lhe foi receitado, logo mudando para algo que se adaptou melhor às suas reações.

Se você estiver em tratamento, obtenha o máximo de informações sobre como ele poderá afetar a sua nutrição. As enfermeiras poderão dar-lhe dicas sobre o que comer, que alimentos "caem" melhor, etc. E a sua própria experiência irá lhe indicar o que fazer depois.

Lembre-se de que o organismo se adapta com facilidade e muda continuamente. O que é gostoso num dia, pode não o ser em outro. O que você não conseguia comer ou não gostava há alguns anos, pode ser gostoso agora. Coma aquilo que agrade ao seu paladar! Parece tão banal, mas muitas pessoas ignoram essa maneira simples de selecionar o que comer.

Exercícios físicos

É importante fazer exercícios, mas um dos grandes problemas é fazer com que os pacientes diminuam o ritmo. Eles tendem a exagerar em programas que são ambiciosos e inflexíveis demais.

Estabeleça um plano de exercícios que lhe sejam prazerosos, pois assim continuará a praticá-los. Imagine-se como desejaria ser daqui a dois anos, e comece a caminhar naquela direção de maneira bem suave.

Estimule seu sistema imunológico através dos exercícios físicos, sem se cansar tentando fazer muitas coisas rápido demais. Aprenda a executar os exercícios lentamente e ouça as respostas do seu corpo. Os primeiros noventa segundos de qualquer rotina de exercícios físicos são os mais importantes, porque se você se cansar logo, não será capaz de continuar. Portanto, seja delicado consigo mesmo e preste atenção na sua respiração no início da sessão.

A técnica mais eficiente que tenho usado comigo e com os meus pacientes há vários anos é conversar quando começo a fazer exercícios. (Em geral, esta conversa é comigo mesmo, já que normalmente faço exercícios sozinho.) Assim que sinto dificuldade em falar, diminuo o ritmo ou paro completamente até que possa recomeçar a minha conversa. Este é um sinal particularmente importante a observar durante os primeiros noventa segundos. Assim, posso saber que estou indo rápido demais e é muito mais fácil do que tentar monitorar meu pulso.

As pessoas podem pensar que é estranho conversar consigo mesmo, mas é uma técnica extremamente útil.

Já ajudei várias pessoas com câncer generalizado a desenvolver programas de exercício físico, mostrando-lhes como tornarem-se conscientes da respiração e da sensação de desconforto, para que pudessem usar o exercício como uma ferramenta da saúde.

Mesmo confinado à cama, é bom imaginar-se fazendo os exercícios físicos que você aprecia. Além disso, movimente-se na cama, dentro dos limites do seu conforto. Se for ao banheiro, conte isto como um exercício. Mantenha a imagem do prazer físico, pois esta é outra maneira de estar em contato com a vida.

Neste momento, você pode concentrar-se em estimular os seus sistemas de cura usando o exercício, em lugar de simplesmente concentrar-se em profundo condicionamento físico. Sentir-se bem durante e depois de uma atividade física é extremamente salutar. Lembre-se de que o desconforto e a dor são sinais para diminuir o ritmo e parar!

Diversão

Muitos pacientes ficam surpresos ao descobrir que esta é uma área na qual é difícil estabelecer objetivos. As brincadeiras não são valorizadas em nossa cultura e a doença tende a diminuir ainda mais essa área. Alguns dos nossos pacientes e seus familiares já receberam reprimendas por se divertirem. "Vocês não estão levando a doença a sério", ou ainda "Como podem se divertir quando o seu parente está morrendo?" Mas, a diversão é um dos componentes principais da criatividade e ela é essencial no processo de cura.

De brincadeira, só como ponto de partida, comece a desenvolver uma lista de quarenta atividades divertidas, metade das quais custe menos de cinco dólares. É necessário ter um longo rol de opções, porque, em geral, é nos momentos em que mais precisamos brincar, que menos conseguimos pensar no que fazer. Lembre-se também de que o que é divertido em alguns dias não o é necessariamente em outros. Segundo uma paciente, cozinhar é um fardo quando, após o trabalho, ela tem de preparar o jantar para sua família, mas converte-se numa diversão quando está de férias e pode experimentar novas receitas. Da mesma forma, o que é divertido para uma pessoa nem sempre o é para outra; portanto, não coloque na sua lista o que é considerado divertido, mas sim aquilo que lhe dá mais prazer. E, por fim, não se divirta como se fosse uma obrigação. Todos nós já vimos pessoas jogando tênis, que prefeririam morrer a perder o jogo.

A quantidade de divertimento que sugiro aos nossos pacientes, e que tenho considerado adequada para mim de alguns anos para cá, é a de uma hora por dia, sete dias por semana. Isto inclui os finais de semana, os feriados e as férias. (Antes de eu reconhecer a importância de me divertir, minhas férias eram organizadas, de acordo com minha agenda, de maneira complexa — exatamente como se eu estivesse trabalhando.) Uma hora por dia pode ser um objetivo adequado para dois anos. Diga-me: quanto você tem se divertido ultimamente?

No Centro Simonton para o Tratamento do Câncer, organizamos a lista de divertimentos a seguir, feita pelos nossos pacientes. Após ter escrito a sua própria lista, talvez você queira compará-la com esta para estimular a sua imaginação.

Lista de divertimentos

Visitar os amigos
Jogar bridge
Ficar ao ar livre
Jardinagem
Passar um dia no campo
Cozinhar
Nadar
Fazer palavras cruzadas
Ler livros de jardinagem
Escrever a história da família
Jogar monopólio ou outros jogos
Cantar canções natalinas
Fazer pipocas
Ouvir música
Montar a cavalo
Pintar
Fazer cálculos mentais
Brincar de pegador

Bordar
Costurar
Assistir a um jogo de futebol
Assistir às crianças praticarem esporte
Passar o dia fora com as crianças
Fazer bonecos de neve
Conversar com o cônjuge
Jogar golfe
Fazer uma pausa para tomar um café
Ir assistir a uma peça na escola
Consertar alguma coisa
Acender a lareira
Contar uma piada
Andar de bicicleta
Arrancar ervas daninhas depois da chuva
Assistir a uma comédia na televisão
Jantar fora em um ótimo restaurante
Ficar sentado no jardim

Andar de motocicleta
Fazer esculturas de metal
Fazer cerâmica
Fazer farra
Pintar com os dedos
Caminhar ao longo de um riacho
Brincar com blocos
Ter fantasias sexuais
Montar miniaturas de avião
Tirar fotografias
Fazer castelos na areia
Observar alguém alimentando pombos
Sair com o cachorro
Empinar pipa
Esculpir
Ir ao cinema
Jogar gamão
Ouvir música
Dançar
Ir a uma exposição
Cantar ou ouvir uma canção
Preparar uma nova receita
Brincar com argila
Observar o movimento das nuvens
Pular corda
Jogar *squash*
Ir ao teatro
Assistir a uma corrida de automóveis
Aprender jardinagem japonesa
Jogar bingo
Alimentar peixes
Assistir ao pôr-do-sol
Assistir ao nascer do sol
Trabalhar com madeira
Acampar
Ir ao zoológico
Jogar xadrez ou damas
Ir à opera
Dar uma volta de carro
Observar pássaros
Desenhar
Receber amigos

Pensamento criativo

Como você já deve ter percebido, a meditação e a visualização são fatores importantes do trabalho desenvolvido neste livro. Entretanto, este processo não deve se transformar numa carga. Se só em pensar na meditação já o deixa chateado, comece a meditar dia sim, dia não, ou até menos. Se estiver apenas começando a explorar o pensamento criativo, talvez não saiba aonde vai querer chegar com a meditação e a visualização daqui a dois anos. Alguns de nossos pacientes estabelecem objetivos bastante amplos. Por exemplo: "(1) quero entender mais sobre meditação e visualização e sentir-me mais familiarizado com essas técnicas, e (2) quero que a meditação e visualização façam parte da minha vida".

À medida que nos tornamos mais familiarizados com a maneira como funciona nossa mente e como aprendemos, percebemos que muitas dessas atividades contribuem para o pensamento criativo. Às vezes, um paciente entra em contacto com essa área a partir de leituras sobre tênis ou golfe, que enfatizam os aspectos mentais do jogo. E então, a pessoa passa a ver a semelhança com o que lhes pedimos para fazer em benefício da sua saúde. Eu toco vários instrumentos apenas por prazer, mas quando estou aprendendo uma nova peça de música, lembro de quanto esforço e atenção devo dedicar a cada nota para chegar àquele momento maravilhoso em que todas se reúnem no meu inconsciente e começo a tocar com desembaraço. Trata-se do mesmo processo quando aprendemos novas crenças.

Objetivo

Enquanto alguns pacientes identificam o seu trabalho ou profissão como o objetivo primordial da sua vida, outros não o fazem. Talvez o leitor descubra que o seu *hobby*, o trabalho voluntário a que se dedica, os seus amigos e sua família são a maior razão do que acredita ser o seu objetivo profundo na vida. Na série de cartas, veremos como este assunto tornou-se cada vez mais importante para Reid.

A sabedoria interior também será valiosa para esclarecer os seus objetivos. Algumas pessoas crêem erroneamente que têm de se transformar em pessoas diferentes, com novos e mais "nobres" objetivos de vida. Na verdade, o que tende a desabrochar está relacionado com o que você já está fazendo — não somos o que somos por mero acaso. Já estamos no meio do nosso percurso, simplesmente precisamos nos tornar mais conscientes, mais afinados e dar um novo enfoque ao nosso pensamento. Um homem que identifica seu trabalho como objetivo talvez precise descobrir quais os aspectos do seu trabalho em que ele deva se concentrar mais. Uma mulher, cuja ênfase em sua vida foi ser uma boa mãe para seus filhos, pode sentir-se abandonada porque agora eles já não precisam mais dela. Mas, uma das partes mais importantes da maternidade é ser maleável — como ela vive a sua própria vida. Ela poderá continuar a ser mãe em um nível mais profundo.

Lembre-se que abraçar um novo propósito não invalida sua experiência anterior. O seu objetivo provavelmente continuará mudando no decorrer de sua vida. Algumas dessas mudanças podem ser muito sutis. A vida exterior pode mudar relativamente pouco, enquanto as transformações interiores são muito mais abrangentes.

Também nos empenhamos muito em lidar com os propósitos, porque as doenças geralmente surgem em momentos críticos, quando as metas da nossa vida se modificam — anteriormente o destaque era ser trabalhador, pai ou cônjuge, mas deixou de ser. Nesses momentos, é necessário traduzir nosso propósito íntimo em novas circunstâncias. O propósito faz parte do nosso mecanismo de sobrevivência.

Se você se sentir paralisado apenas em pensar como identificar algum propósito "importante", pergunte-se: "Qual a conexão mais forte que tenho com a vida atualmente?" O que faz com que se sinta mais importante, mais vivo, mais comprometido? Talvez, se hoje estiver sendo comemorado o Halloween — o Dia das Bruxas — a resposta seja "Brincar de porta em porta com os meus vizinhos". Pois faça isso de todo o seu coração.

UM EQUILIBRIO IMPORTANTE

Nos últimos três capítulos, o leitor pôde aprender um pouco mais sobre três dos instrumentos básicos ensinados no Centro Simonton para o Tratamento do Câncer: a comunicação com o seu acompanhante e com os demais; a meditação e o trabalho com a sabedoria interior; e o desenvolvimento de um plano bienal de saúde. Sua habilidade em meditar e trabalhar com a sabedoria interior vai melhorar, à medida que for pondo em prática esses processos. O plano vai ajudá-lo a manter-se concentrado, a viver de maneira mais consciente e tomar decisões mais sábias.

Acho que o ritmo da sua recuperação e também a natureza da sua cura — quer seja a curto ou a longo prazo — dependerá da sua imaginação, atitude, crenças, escolhas, decisões e da sua vontade de viver. Quando começar a harmonizar os aspectos físicos, mentais e espirituais da sua vida, creio que será uma pessoa mais feliz e descobrirá que a vida é mais excitante e vale a pena ser vivida. Essas mudanças refletirão na sua saúde. Mesmo que nem eu nem Reid possamos equilibrar a sua vida, podemos ajudá-lo a atingir este objetivo.

PLANO BIENAL DE SAÚDE

3 meses	6 meses	9 meses	12 meses	15 meses	18 meses	21 meses	24 meses

PARE POR AQUI AGORA E TERMINE O PLANO NAS PRÓXIMAS SEMANAS

6
Introdução à série de cartas
Como a experiência de Reid Henson poderá servir de exemplo

Vocês terão a oportunidade de examinar os pensamentos e sentimentos de outro paciente de câncer a partir das cartas de Reid, que além do mais estará indicando o que ele considera mais importante no seu processo de cura. Trata-se de um trabalho maravilhoso e, acredito, sem igual.

A ORIGEM

Após a sua cura milagrosa em 1981, as pessoas começaram a ouvir falar em Reid e quiseram saber mais a respeito desse milagre. Pacientes com câncer telefonavam e apareciam para fazer uma visita e Reid conversava durante horas com eles. Sempre perguntavam a mesma coisa: o que devo fazer para me curar?

Reid não sabia o que responder, pois só podia falar sobre o que tinha feito. Não se sentia à vontade para dizer às pessoas o que fazer com suas vidas, sobretudo porque a vida delas estava em perigo.

No entanto, Reid continuava a ter uma imensa vontade de escrever, sem saber o quê. Ele acordava às cinco horas da manhã e pensava que deveria descer para escrever, mas não o fez durante muito tempo. Então um dia, de manhã, ele foi ao seu escritório e pegou a caneta. Escreveu durante horas, como quando recebeu a mensagem sobre a paternidade depois da prisão do seu filho. Esta foi a primeira da série de cartas.

Depois de escrever cerca de quinze cartas, a imaginação de Reid acabou. Ele pensou que não tinha nada mais a dizer, porém, depois se deu conta de que tinha entendido mal algumas das suas experiências sobre o câncer e, por isso, a energia e a sabedoria que o guiavam na série de cartas haviam sido interrompidas.

Ao perceber melhor as coisas, ao voltar a estudar, a observar a si mesmo e o mundo ao seu redor, o misterioso estímulo que o fazia escrever retornou, junto com a sua imaginação.

Reid mostrou-me as cartas e pediu-me ajuda. Ambos as revisamos cuidadosamente durante meses antes que ele começasse a enviá-las a outros pacientes. Logo, sem nenhuma publicidade, pessoas do mundo inteiro passaram a pedir que seus nomes fossem incluídos na mala direta de Reid, e começamos a enviar essas cartas aos pacientes que telefonavam para o Centro Simonton para o Tratamento do Câncer. Um ano depois, Reid começou a receber informações preciosas dos pacientes que lhe escreviam para contar as mudanças maravilhosas ocorridas na sua saúde e na sua vida em geral.

Creio que todos têm a ganhar com o desejo de Reid em explorar e vivenciar o que é milagroso. As respostas às suas cartas são uma prova disso. Reid nos diz o que fez e não o que se deve fazer. Não se deve esquecer, que o que é bom para uma pessoa pode ser ruim para outra. Cada qual deve seguir o seu próprio caminho, não o de outrem. Deixe que as experiências de Reid e de outras pessoas o ajudem a caminhar, mas não tente seguir o trajeto deles.

Uma das coisas magníficas a respeito das cartas de Reid é que embora ele fale de suas experiências sobre o câncer, sua mensagem agrada a pessoas com diferentes tipos de problemas. Viciados em drogas, casais se divorciando, gente que perdeu um ente querido e indivíduos com todo o tipo de enfermidade, de alergias até AIDS, declararam que suas cartas os auxiliaram a efetuar mudanças saudáveis em suas vidas. Como a minha experiência é voltada para os pacientes com câncer, os comentários serão dirigidos a eles. Mas, qualquer que seja o seu problema, creio que essas cartas poderão ajudá-lo e confortá-lo.

O OBJETIVO DAS CARTAS

Na minha experiência, muitos pacientes tentam se modificar para salvar suas vidas, mas em geral essas mudanças são temporárias ou isoladas. Para curar um câncer é preciso comprometer-se com mudanças profundas e duradouras. Num sentido de maior amplitude, curar-se de um câncer é como curar a vida, e este não é projeto que possa ser feito da noite para o dia, é um projeto contínuo.

Descobri que pacientes que examinam as suas crenças mais arraigadas, que avaliam, ou reavaliam, seus objetivos de vida e sua fé em Deus, geralmente passam por mudanças profundas que resultam em um novo equilíbrio físico, mental e espiritual que atuará sobre sua saúde. Para criar um ambiente propício à saúde é necessário manter, por longo período, estímulos produtivos, positivos e repetidos. Em outras palavras, é preciso um incentivo constante para encorajar o doente a atingir a saúde, de maneira positiva. Espero que essas cartas possam ajudá-los a conseguir isto.

SOBREVIVENTES

Costumo afirmar que a única coisa em comum entre os sobreviventes é que eles são sobreviventes. Como cada um de nós é especial, cada um dos nossos processos é único e isto também se aplica aos sobreviventes. Nossa sociedade tem grande capacidade de reunir informações e compilar estatísticas sobre o número de pessoas que sofrem de câncer, sobre a porcentagem de pessoas cancerosas que vivem em uma região e assim por diante. Um dos problemas dessa abordagem é que a informação não se aplica ao indivíduo. Como é impossível saber de que lado da estatística estamos, elas deixam de ter significado para nós. Talvez apenas uma pessoa em mil sobreviva a uma doença rara, mas se essa pessoa for você, a doença passa a representar uma taxa de sobrevivência de 100 por cento.

Sugiro que o leitor deixe de lado as estatísticas sobre o tipo de tumor que o acometeu. Você não é como todas as outras pessoas que estão tendo ou tiveram câncer — você é você, um ser humano ímpar. Você está fazendo coisas importantes para contribuir para o tratamento que escolheu. Está utilizando processos mentais e espirituais para que a terapia dê certo. E, embora já se disponha de estatísticas sobre o impacto positivo que a terapia e outros processos mentais exercem, ainda não existem estatísticas sobre a questão espiritual. Não sabemos ainda como demonstrar um elemento espiritual em termos de estatísticas. Mas eu acho que o indivíduo tem grandes possibilidades de desfrutar um milagre ou uma remissão espontânea se ele acredita que isto é possível! Tenho observado isso acontecer a inúmeros pacientes. Quer você acredite ou não na possibilidade do evento de um milagre, vamos examinar esse pressuposto, assim como o fizemos com as crenças sobre o câncer.

As cartas de Reid oferecem a oportunidade de reavaliar o câncer e a cura do câncer de um ponto de vista significativo e útil. Quero sublinhar a palavra "útil". Este não é um livro de filosofia, é um guia prático. Não o leia apenas, use-o. Para obter resultados, é necessário seguir o método indicado aqui.

COMO PROCEDER

Logo que conheci Reid, o que mais me preocupou foi o medo que ele sentia. Ainda me lembro do seu olhar de medo intenso. Claro, esse medo o incitava a agir, mas era necessário que ele o eliminasse para se curar. O pavor é estressante, é mortal. Suprimi-lo é o passo primordial rumo à saúde. Reid estava disposto a modificar as crenças que estavam originando aquele medo. Ele também estava muito disposto a fazer o que fosse necessário para ficar bom.

Talvez você esteja se sentindo deprimido e imobilizado pelo medo do câncer ou da morte. Para superar isso é preciso colocar em prática os ensinamentos deste livro, em um ritmo que seja apropriado a você. Meditar regularmente oferece-nos a oportunidade de livrarmo-nos das preocupações, concentrando-nos em pensamentos saudáveis. Se você ainda não experimentou os exercícios de meditação do capítulo 4, insisto que o faça antes de começar a ler as cartas. A meditação e a visualização podem ser muito úteis para que entenda os assuntos apresentados nas cartas de Reid. A sabedoria interior também será muito útil; portanto, se ainda não entrou em contato com ela, continue tentando.

Espero que você já tenha a sua lista de lazer pronta. É muito importante que dedique uma parte do seu tempo ao lazer, mesmo que não tenha estabelecido um objetivo para isso no seu plano bienal. Faça algo de agradável antes, durante e depois dos momentos em que trabalha pela recuperação de sua saúde.

SUGESTÕES SOBRE COMO PROCEDER COM AS CARTAS

Reid e eu lhes pedimos que usem as cartas da maneira como foram projetadas para serem utilizadas. Devem servir-se delas de maneira criativa, pois, se foram apenas lidas, não vão obter os resultados desejados.

Quando Reid começou a postar suas cartas, ele as enviava a todas as pessoas da sua lista uma vez por semana. Isto dava sete dias para que as pessoas pudessem ler e reler cada uma delas, uma semana inteira para refletir sobre o que estava escrito e colocar em prática as idéias e sugestões nela contidas.

Embora o leitor tenha acesso a todas as cartas de uma só vez, sugiro que leia uma carta por semana, ou pelo menos durante vários dias, antes de passar à próxima. Cada uma delas tem pontos importantes relacionados a crenças básicas que podem ajudar a modificar o seu ponto de vista. Se ler as cartas de uma única vez, talvez se sinta sobrecarregado com tantas informações. Mas, se trabalhar apenas com uma carta durante alguns dias, verá que será capaz de lidar com os problemas básicos e começar a modificar suas crenças para melhorar a sua saúde.

É preciso certo tempo para incorporar cada novo conceito. À medida que o seu ponto de vista começa a mudar, esta mudança tornar-se-á um terreno fértil onde plantar o próximo conceito.

Se decidir ler outras cartas, como tenho certeza que muitos o farão, não se esqueça que há um motivo para ler cada carta separadamente e na ordem — elas foram escritas para lançar uma nova base em sua mente, fortalecendo-a passo a passo.

Ler uma carta por semana será útil; contudo, os resultados serão ainda melhores se você participar ativamente para que elas se integrem em seu pensamento. Faça anotações. Escreva nas margens do livro ou em um diário. Grave fitas. Faça com que este processo seja continuamente ativo. Sua vontade de levar adiante este trabalho, sua determinação em ficar bom, o tempo que gasta e o seu nível de participação serão essenciais.

Algumas das cartas serão mais importantes do que outras e talvez você decida passar mais do que uma semana com alguma delas, se o assunto for do seu interesse ou necessidade específicos.

Se estiver doente demais para ler as cartas, peça a alguém que as leia em voz alta ou grave para você. Se estiver muito doente para escrever, grave as suas observações. Se estiver doente demais para gravar, apenas medite e use a sua sabedoria interior para aquilatar suas observações. Será bom repetir os processos básicos de meditação do capítulo 4, uma ou mais vezes por semana, anotando o que lhe vier à mente. Repare se as imagens se modificam quando você recebe uma informação nova. Anote e identifique aquelas que lhe dão uma grande sensação de força para ajudá-lo na sua recuperação.

Em alguns casos, verá que não concorda em absoluto com o que Reid faz ou pensa. Não é necessário concordar com ele para ficar bom. Aliás, não concordar é uma forma de participar. Mas, não deixe de lado o que Reid diz, escreva o motivo da sua discordância.

Talvez você nem saiba se concorda ou não com a abordagem de Reid. Ótimo. Experimente fazer algumas das coisas que ele propõe para ver se dão certo com você.

Depois de uma ou mais cartas sobre um assunto em particular, farei comentários sobre a abordagem de Reid, para oferecer algumas opções. A partir dos meus comentários e sugestões, você poderá fazer um auto-exame para verificar como está indo. Ao contrário das cartas, não é preciso ler os comentários durante sete dias. É possível lê-los após terminado o procedimento com a carta anterior ou passar diretamente aos comentários, se achar uma seção particularmente difícil.

Você poderá observar que os assuntos e afirmações serão repetidos nas cartas e nos meus comentários. A repetição é proposital. Sei que quando a gente não está se sentindo bem, é difícil concentrar-se. Por isso peço que leia as cartas várias vezes e é também por que repetimos ou enfatizamos as afirmações importantes. Queremos ter certeza de que você terá mais de uma oportunidade para examinar e absorver os conceitos-chave.

Acho maravilhoso que Reid tenha querido publicar essas cartas e mostrar sua vida e suas crenças. Ele é uma pessoa receptiva e honesta sobre quem ele foi antes e sobre quem é agora e está disposto a se expor ao julgamento dos outros para partilhar suas experiências e poder ajudar. Espero que receba de coração cada uma das cartas de Reid como se ele fosse um mensageiro especial, trazendo uma mensagem especialmente endereçada a você.

Reid e eu queremos que saiba que estamos lhe dando todo o nosso apoio, que queremos que você fique bom. E, ainda mais, acreditamos que todo o universo está incentivando os seus esforços. Você está aqui por alguma razão. Você está aqui para dar a sua contribuição especial, qualquer que seja essa contribuição. O universo tem um interesse todo especial em que você possa vivenciar sua alegria e satisfação pessoal. Esperamos poder ajudá-lo e esperamos também ter possibilitado a você iniciar este animada aventura com um profundo senso de admiração e curiosidade.

SEGUNDA PARTE

AS CARTAS DE REID HENSON

PRIMEIRA
Tornando-se um aluno da vida

Caro amigo,

Estou feliz em poder falar com você sobre idéias que me ajudaram a fazer algumas mudanças significativas nas minhas atitudes e opiniões sobre a vida em geral. No início, achava difícil enxergar de outro ponto de vista que não o que sempre tive.

Levei tempo para perceber e aceitar a necessidade de mudar. Acho que isto refletia minha resistência em enxergar o meu ser mais profundo. Embora ache que tenha muitas qualidades indesejáveis, considerando meu passado, vejo que também tenho muitas qualidades positivas. Por alguma razão, entretanto, no início da minha experiência com o câncer, as qualidades negativas dominavam a minha consciência de forma que era quase impossível me analisar.

Quando penso sobre isso agora, parece-me claro que o meu medo de mudar refletia, em grande parte, o medo que eu sentia do meu ser profundo. Achava que havia algo dentro de mim que merecia morrer, e eu não estava preparado para encarar este fato. Via a morte se aproximando e sentia que tinha de mudar algo em minha vida ou em mim mesmo, para evitar que isto acontecesse. Tinha de mudar para evitar a morte e ainda assim tinha medo de mudar, porque não sabia como minha vida ia ficar, após a mudança. As duas alternativas eram assustadoras, mas a da morte era maior. Agora, consigo ver que o medo da morte foi um dos maiores estímulos que tive para me transformar.

Uma idéia muito útil para produzir mudanças saudáveis foi a de assumir o ponto de vista de "aluno da vida". Como aluno da vida, me tornei um observador independente de mim mesmo, ou seja, "Reid". Diante desta perspectiva, comecei a encarar cada incidente da vida de "Reid" como uma oportunidade de aprendizagem. Ao invés de julgar o que acontecia, em termos de bom ou ruim, tentei me manter objetivo e ver que algumas experiências são mais difíceis do que outras. Também tentei me lembrar que não possuía todos os fatos em mão. Quando esquecia de fazer o papel de aluno, enquanto a vida de Reid desfilava à minha frente, achava proveitoso examinar depois o que acontecera a "Reid", para poder aprender retrospectivamente. Comecei a perceber que nem sempre as coisas aconteciam como eu desejava.

Julguei que o meu novo ponto de vista também me liberava de qualquer necessidade de mudar o mundo — de mudar os acontecimentos, as pessoas ou seja lá o que for. Comecei a me ver como um aprendiz de todos os aspectos da vida. Também comecei a enxergar as outras pessoas como colegas do meu curso de vida, sem me importar com a maneira como eles se viam. Assim, pude aceitar com mais facilidade os outros como eles eram.

As mudanças aconteceram, mas não do dia para a noite e, sem dúvida alguma, foram boas para mim. No papel de aluno, fui me tornando aos poucos capaz de me movimentar de maneira mais confortável e prazerosa pela vida afora. Como aluno, tinha poucas pressões, pois assim podia viver a vida livremente, sem achar que tinha de controlar aquilo que, de qualquer jeito, era incontrolável. Precisava mudar internamente, mas vinha perdendo tempo e energia, tentando mudar os outros e os acontecimentos passados e futuros da vida.

Antes de me tornar um aluno da vida, ficava preocupado com todas as decisões que tomava, e essa ansiedade que eu criava nunca desaparecia. Finalmente percebi que qualquer que fosse o resultado das minha decisões, como aluno eu podia tirar proveito das decisões que tomava, se pudesse aprender com a experiência.

Percebi que progredia mais e com menos tensões, se me concentrasse na determinação que estava tomando agora, prestando atenção no presente e fazendo uma escolha clara. Mesmo que cada escolha tivesse as suas conseqüências, eu podia avaliar essas conseqüências, aprender com elas e fazer outras escolhas.

Assim, reduzi a tensão que sentia porque pude me concentrar nas escolhas importantes agora, mesmo que nem sempre o que eu queria se convertesse em realidade. Tornei-me mais consciente de que as futuras escolhas ainda não haviam acontecido, enquanto as antigas já haviam sido feitas. Portanto, as únicas escolhas que podia examinar eram as que via diante de mim no momento presente.

Passei a ficar mais consciente dos momentos presentes, perguntando: "O que está acontecendo neste momento?" e "O que posso fazer a respeito?". Às vezes, a única escolha possível era ficar em segundo plano, observar "Reid" e aprender.

Quando fiquei mais experiente em viver a vida, em vez de tentar controlá-la, pude aceitar com mais facilidade o "inesperado". Isto me ajudou a passar da minha compreensão comum para um território desconhecido, a fim de poder reunir, examinar e armazenar novas informações que poderiam mudar a maneira como eu vivia a vida.

Enquanto me impregnava cada vez mais do meu papel de aluno, ficou mais fácil encarar a morte como apenas outra mudança. Passei a acreditar que a morte é somente outra transição, através da qual passarei para outra escola que vai continuar a me oferecer as lições de que preciso. Percebi que Deus me dera o necessário para poder passar por essa experiência e que Ele iria continuar a fazer o mesmo em qualquer outro contexto. Finalmente, o medo da mudança e da morte desapareceu.

Desde que tive câncer, examinei muitas idéias, pontos de vista e experiências diferentes. Agi. Escolhi, avaliei, aprendi e, então, escolhi novamente.

Comentários sobre a primeira carta

Por trás do conceito de aluno da vida, estão várias crenças profundas de Reid. Ele acredita que há algo a ser aprendido com a vida. Ele acredita que há uma força criadora (ou forças criadoras) no universo que tentam nos fazer aprender algo a partir das nossas experiências. E ele também acredita que essa força vital é cuidadosa e amorosa, tendo criado o processo de aprendizado para o nosso bem e o bem do universo em que vivemos. As crenças de Reid foram, sem dúvida, crenças saudáveis durante a sua experiência com o câncer.

O conceito de aluno da vida faz parte de muitas tradições espirituais, mas Reid não o conhecia. Este conceito tornou-se um instrumento importante, porque lhe possibilitou enxergar sua vida e sua doença de um ponto de vista objetivo. Quando somos objetivos, ficamos emocionalmente neutros e isto, como já vimos, estimula o sistema de cura do organismo.

Ao examinar o conceito de aluno da vida para o seu uso, lembre-se de que ele permitiu a Reid começar a viver sua vida de maneira mais plena, pois, de certa forma, deu-lhe permissão para viver as emoções e pensamentos que lhe vinham à mente. Ele deixou de supor que precisava controlar ou evitar suas emoções e pensamentos para fugir de uma sensação de opressão. Ao contrário, ele se permitia pensar e sentir, ao mesmo tempo que mantinha um distanciamento seguro, observando o que acontecia de maneira objetiva.

Esta pode ser uma área importante para você, que talvez esteja tentando controlar mais sua vida, num momento em que se sente traído pelo seu corpo. Se a vida lhe parecer incontrolável ou se acha que está perdendo o controle, esforce-se para ter mais confiança em si mesmo e na sua capacidade de cura. Tome pequenas providências para influenciar sua vida e saúde, ao invés de tentar controlar tudo.

Sinto empatia por aqueles que desejam assumir o controle rapidamente, imaginando que assim obterão resultados físicos imediatos. Reconheço facilmente essas características nos meus pacientes, porque tenho o mesmo problema. Tenho uma tendência a fazer tudo rápido demais e de maneira excessiva: brinco demais, pratico exercícios demais e trabalho demais. Levei muito tempo para equilibrar a minha vida e de vez em quando ainda me desequilibro. Tenho sorte em ter ao meu redor pessoas que me dão apoio quando tento recuperar o meu equilíbrio. Mas, a grande ajuda vem da minha autopercepção.

A abordagem de aluno da vida é um excelente método para aumentar a percepção. A seguir, algumas maneiras simples de colocar em prática essa técnica:

• *Ter um diário*. No final de cada dia, reveja os pensamentos e emoções que lhe ocorreram durante o dia. Anote o que aprendeu a partir do exame das suas emoções e pensamentos. Preste bem atenção na maneira como os seus pensamentos e crenças criam emoções.

Ou, como um aluno da vida, reveja as suas experiências com o câncer. Escreva o que sente e como se sente a respeito do que aprendeu até agora. Guarde essas anotações para avaliar o seu progresso e aprender mais ainda. Lembre-se de que as suas emoções são o resultado das suas crenças e pensamentos; portanto, para se sentir melhor você deverá pensar de maneira mais saudável.

Se ainda não o fez, *faça agora uma lista das coisas que o fazem sentir-se melhor*. Pergunte-se diretamente: "O que posso fazer para melhorar a maneira como me sinto?" Faça uma dessas coisas hoje ainda, do ponto de vista de aluno da vida. Faça isso como um exercício para aprender que você pode influenciar a maneira como se sente, através de atitudes e práticas de crenças saudáveis.

Reid não passou a ter maior controle da sua vida ao se tornar um aluno da vida, mas deixou de sentir a necessidade de controlar, passando a viver a vida a partir de um ponto de vista neutro e objetivo. Uma saudável atitude inconsciente em relação aos acontecimentos da sua vida surgiu dessa nova crença de que a vida seria o seu professor.

Onde quer que se escolha adotar essa atitude, o ponto de vista de aluno da vida nos confere a liberdade para aceitar todos os nossos pensamentos, sobretudo, aqueles negativos e difíceis. Quando ficamos à vontade para sentir emoções e pensamentos negativos, temos a possibilidade de compreender como nós próprios os criamos — mas, se reprimirmos ou negarmos esses pensamentos, seremos incapazes de entender isso.

O intuito final é poder selecionar os pensamentos que queremos manter e aqueles que queremos mudar. É possível fazer isso através do exame contínuo das crenças, modificando-as para criar emoções positivas ou neutras. É um processo para a vida toda, um ideal para o qual nos dirigimos, e não algo que realizamos de uma só vez. Podemos dar o primeiro passo pensando em coisas positivas. O tempo que levamos para fazer isso permite que entremos num estado de relaxamento ou neutralidade, o que contribui de maneira positiva para a nossa saúde.

A seguir um exercício prático:

• Nesta semana perceba *suas emoções negativas* — sobretudo as de raiva, medo ou desesperança. Quando se conscientizar de que está sentindo uma dessas emoções, pare e imediatamente anote a crença que produz a emoção. Lembre-se de que o objetivo não é suprimir a emoção, mas trabalhar com ela. Use o exercício de controle emocional do capítulo 4 tanto quanto necessitar.

Reid levou muito tempo, passou por muitas experiências e recebeu muita ajuda profissional antes de ser capaz de modificar suas crenças e pensamentos nocivos e as emoções daí decorrentes. Vá no seu próprio ritmo, preste atenção em como se sente e faça apenas aquilo que tiver vontade e energia para fazer agora.

SEGUNDA
Recriminação, autoridade e controle

Caro amigo,

Não fiz muitos progressos até que concentrei meus recursos nos verdadeiros problemas interiores. Recriminar os outros me impediu de fazer isso durante anos. Tinha o hábito bastante enraizado de recriminar os outros pelos problemas que eu tinha. Sei que é uma tendência bastante normal do ser humano, mas esse era um hábito que me prejudicava bastante. Fazia-me sentir como uma vítima fragilizada sem controle sobre o que acontecia comigo.

Isto era muito perigoso, pois, enquanto me preocupava em culpar os outros pelo que acontecia comigo, pouco fazia para resolver os meus problemas. Esses problemas não-resolvidos se acumulavam e o fardo foi se tornando maior à medida que o tempo passava. Pude observar que acusar os outros não melhorara a minha vida até então, e provavelmente não iria melhorar.

Ao examinar minha vida antes do câncer, fico impressionado ao perceber o quanto era difícil lidar com vários tipos de situações. Eu achava que se não resolvesse os problemas que surgissem, seria um fracassado. Era uma atitude exaustiva porque era impossível "consertar" todas as pessoas que estavam me causando problemas.

Como eu pensava que sabia o que era melhor, parecia normal que alguém ou alguma coisa fosse responsável por algo de ruim que acontecesse. Quem quer ou o quer que fosse, era o responsável de tudo o que acontecesse de ruim. Aquilo ou aquela pessoa deveria ser penalizado e corrigido. Eu ficava impaciente por perder tempo corrigindo algo que eu sentia deveria ter sido bem feito desde o início.

Em muitas ocasiões, eu decidia que sabia o que era bom, melhor ou até ideal para todos os interessados. Claro que não conhecia todas as intenções, prioridades ou inter-relações das pessoas ou acontecimentos envolvidos no caso. Mas, com freqüência eu achava mais fácil ignorar essa minha falta de informação e compreensão.

Mas, assim que comecei a utilizar o meu ponto de vista de aluno na questão da recriminação, tudo pareceu mudar. Como aluno, passei a prestar atenção em aprender ao invés de recriminar. Isto é, eu prestava mais atenção no que estava realmente acontecendo do que no que eu imaginava que deveria estar acontecendo. Como eu me via aprendendo com o que estava ocorrendo, parecia contraditório pensar de maneira negativa (recriminar) sobre as pessoas e experiências que eu estava tendo.

Ainda havia coisas que achava erradas, mas de uma visão de certa forma mais positiva. Considerei que podia usar o termo responsabilidade, em lugar de *recriminação*. Talvez possa parecer que estou discutindo o sexo dos anjos, mas examine comigo os pontos seguintes:

• Se eu achar que alguém é *culpado* em uma determinada situação, estou tendo sentimentos negativos em relação a essa pessoa e passo a presumir que ela deve ser castigada pelo que fez.
• Se, por outro lado, eu escolho ver essa pessoa como *responsável* por aquilo que aconteceu, a atitude é mais positiva. A pessoa pode ser responsável pelo que fez, independentemente de ser boa ou má.

Quando comecei a usar a expressão "ela é responsável", ao invés de "ela é culpada", me dei conta de que responsabilidade e autoridade iam de par. Quando eu recriminava alguém pela situação em que me encontrava ou pela minha infelicidade, era como se eu estivesse permitindo que a pessoa tivesse autoridade sobre mim. Se eu deixasse os outros terem autoridade sobre certos aspectos da minha vida, de certa forma estava abdicando do meu direito de escolher livremente e de ser responsável por mim mesmo.

Eu me dei conta de que estava dando aos outros o controle que eu queria ter. Já que eu principiava a deixar de lado a tendência de controlar, percebi que assumir responsabilidade total sobre minhas experiências facilitava o meu aprendizado. Como aluno da vida, isto fazia sentido.

Na época em que recriminava as pessoas, as coisas pareciam irremediáveis e eu me sentia abatido, sem coragem de fazer nada de produtivo naquelas circunstâncias, pelo menos como eu as via. A recriminação parecia ativar um processo subconsciente que fazia surgirem sentimentos negativos, que indicavam que alguém deveria ser castigado.

O que mais me chocou no que aprendi foi que, quando eu me recriminava por algo que havia feito, a mesma força subconsciente parecia surgir contra mim. A culpa é uma faca de dois gumes, como pude perceber. Quando culpo alguém por algo que aconteceu, a minha raiva é dirigida contra ela, que acho deve ser castigada. Quando me culpo, sou a origem e o receptáculo da culpa e do castigo. Assim, percebi que recriminar a mim ou outras pessoas era improdutivo e criava sentimentos de desmerecimento e depressão.

Mesmo depois de ter entendido que culpar os outros e a mim mesmo era improdutivo, foi difícil adotar um novo comportamento. De repente, durante este período, comecei a assumir o ponto de vista do aluno de maneira mais eficiente. Decidi experimentar a idéia de que ninguém que eu julgasse culpado merecia ser recriminado, pois as pessoas estavam fazendo o melhor que podiam com a informação e o entendimento que tinham à sua disposição no momento. E foi pensando nisso que me dei conta de que todos estamos no mesmo barco. A humanidade estava na terra para aprender e compreender melhor a vida. E assim, a recriminação foi-se tornando um conceito menos útil, pois, como eu, todos estão aqui para aprender. Isto também significava que não havia por que me culpar. Eu era um aluno e os alunos aprendem, pelo menos em parte, através de tentativa e erro. Errar, cometer um engano, tornou-se o prelúdio para aprender, ao invés de um gatilho que disparava a recriminação.

Olhando para trás, percebo que muitos dos aspectos da minha tendência a me recriminar baseavam-se na idéia de controle. Como eu achava que estava no comando, e que deveria controlar tudo ao meu redor, me parecia lógico sentir culpa quando algo não estivesse perfeito. Eu não podia cometer erros, e quando os cometia, me recriminava. É fácil ver por que a vida ficou tão opressiva! Teria que viver na terra da Utopia para evitar as coisas pelas quais eu me culpava.

Aos poucos, fui percebendo que não controlava a minha vida porque estava sempre interagindo com outras pessoas e atividades sobre as quais não tinha nenhum poder. Sem dúvida era contraditório achar que podia controlar a minha vida, se não podia controlar todos os fatos que tinham influência sobre ela. O que eu podia fazer, entretanto, era controlar a maneira como eu reagia às circunstâncias.

Com o tempo, a tendência de me recriminar (e aos outros) começou a perder força. Passei a me concentrar em reagir à vida como um aluno, observando a vida como ela se apresentava. As mesmas velhas coisas aconteciam, mas passei a encará-las como oportunidades para aprender ao invés de uma oportunidade para recriminar a mim ou aos outros. À medida que fui aproveitando as oportunidades de aprendizado que surgiam, vi que estava mudando e amadurecendo mais rapidamente. A vida ficou mais interessante e mais estimulante. E eu passei à me sentir melhor.

TERCEIRA
Culpa, erro e amadurecimento

Caro amigo,

Certo dia, tive uma impressionante intuição durante um momento de oração e de meditação especialmente significativo. Depois de sair de um estado de profundo relaxamento, fui fazer minhas anotações e fiquei surpreso quando comecei a desenhar diagramas complexos e escrever páginas e mais páginas sobre a culpa.

Tomei uma série de notas, que se encadeavam: "Se sou culpado, devo ser castigado. A severidade da punição deve ser proporcional ao crime. Meu comportamento provocou a ruína de outras vidas, portanto minha vida deve ser arruinada. Tenho de aquirir um problema ainda pior do que os problemas que causei aos outros. Tenho leucemia. Nenhum tratamento dá resultado. Minha vida tem de acabar. Estou morrendo. A balança da justiça divina ficará equilibrada".

Essa imagem dos meus processos mentais em relação à minha doença parecia basear-se no conceito de "olho por olho". Assim, o castigo tinha de arruinar minha vida e para isso a leucemia parecia adequada.

Foi um choque descobrir que tinha esse tipo de pensamento. Eu sempre tivera medo de mergulhar no meu subconsciente por suspeitar de que iria descobrir algo desagradável, e eu tinha razão.

Mas, fiquei aliviado porque agora tinha algo específico com que trabalhar. Parecia que o sentimento de culpa era a causa de muitos dos meus problemas mais difíceis. Assim, examinei cada uma das questões que me faziam sentir culpado.

Descobri que me sentia culpado por inúmeras razões, incluindo o meu divórcio, a morte do meu filho menor e o vício do meu filho mais velho. Comecei a rever a minha responsabilidade em cada uma dessas situações.

No que dizia respeito ao meu divórcio, vi que escolhera as minhas namoradas, decidira me casar com uma delas e finalmente tinha resolvido me divorciar. Eu fora responsável pelos mandos e desmandos do meu casamento. Tinha dado o melhor de mim, levando-se em consideração o meu nível de entendimento na época, e tenho certeza de que o mesmo acontecera com minha ex-mulher. Nenhum de nós saíra ganhando com o sentimento de culpa em relação ao nosso divórcio.

O segundo filho que tive no meu primeiro casamento morrera ao nascer. Como minha mulher ainda estava no hospital, fui sozinho à funerária e escolhi o caixão para o bebê. Depois, viajei centenas de quilômetros com o corpo para enterrá-lo na minha cidade natal. Acompanhei o funeral. Tenho certeza de que todos poderão imaginar a angústia que senti. Não conseguia entender por que um inocente morria ao nascer. Por que aconteceu? O que será que eu tinha feito? Por que eu me sentia tão culpado?

Parece que o bebê apresentava anormalidades. Comecei a refletir sobre isso. Talvez uma sabedoria profunda soubesse que o corpo daquela criança não tinha condições de viver no nosso planeta. Finalmente, aceitei aquela morte como uma experiência que eu teria de viver e entender. Descobri que depois de rever aquela tragédia, podia seguir adiante, com maior respeito pela força vital que criara o universo e tudo que o compõe. Não fazia sentido que uma força que criara o universo pudesse cometer erros. Eu tinha de acreditar que, embora o motivo da morte do meu filho estivesse além da minha compreensão, um poder superior estava cuidando dele.

Também comecei a examinar o que estava acontecendo com o meu primeiro filho e seu vício com as drogas. Achava que eu tinha acabado com a vida dele e era culpado pelo seu vício. Achava, também, que o fato de haver sido um mau marido e ter-me divorciado, levara-o a consumir drogas. E então, comecei a tentar me ver como agora enxergava os outros: tinha feito o melhor que podia com o entendimento que possuía na época. Tinha cometido erros, muitos erros, mas também podia ver que jamais usara drogas e certamente não as comprara. para o meu filho. Ele tinha achado difícil aceitar a realidade em que vivia e optara pelo vício como um mecanismo de defesa. Fora a sua escolha. Embora não fosse assim que gostaria que ele vivesse, sabia que não podia controlar sua vida (nem a minha, aliás).

Ao rever essas questões, comecei a notar que o sentimento de culpa era fruto da minha consciência, o que me levava a reexaminar as minhas escolhas passadas e poder fazer escolhas mais benéficas no futuro. Descobri que a culpa podia ser um sinal de alerta importante, que me indicava que a escolha que estava fazendo não se harmonizava com a minha consciência.

Também descobri que não dera a importância devida aos muitos fatores relevantes de cada situação. Conseqüentemente, eu me considerava culpado por causar dificuldades sobre as quais tinha pouca influência. Tinha a minha parte de responsabilidade, como tantas outras pessoas, circunstâncias e fatos. Sem dúvida alguma, não tinha muito controle.

Acho que todos entenderão por que considero o sentimento de culpa uma das causas fundamentais que me levaram a adoecer. Foi interessante observar a progressão da melhora do meu estado em relação ao êxito que obtinha em resolver meu sentimento de culpa.

Muitas pessoas com quem conversei achavam que eu não deveria enfatizar o lado pessoal e a responsabilidade parcial em relação à doença, porque isto criaria um pesado sentimento de culpa. Não concordei! Como aluno da vida, escolhi ser responsável pela minha vida e minha doença, e assim surgiu a responsabilidade e o poder de fazer algo a respeito de ambas. E assim, eu me dei permissão para usar a capacidade que Deus me ofertara de escolher de novo. Esta decisão não aumentou o sentimento de culpa; ao contrário: aprofundou minha compreensão da vida e eliminou a culpa que vinha sentindo havia muitos anos. Escolhi considerar meus erros como escolhas erradas de um aluno da vida que continuava a aprender e a amadurecer. Descobri que considerar os erros como uma parte natural do processo de aprendizagem era muito melhor do que se sentir culpado e ser castigado. Também considero a responsabilidade muito mais produtiva do que a perspectiva pessimista do sentimento de vítima.

Comentários sobre a segunda e a terceira cartas

A recriminação parece ser um passatempo dos americanos, um processo mental muito comum na nossa cultura ocidental. Todos parecemos passar o tempo querendo saber quem está certo e quem está errado.

Reid usou a postura de aluno da vida para se livrar do sentimento de culpa e adotar um estado de espírito mais produtivo. Como aluno da vida, passou a considerar o sentimento de culpa como uma lição que a vida estava lhe ensinando. Esta é uma tática interessante, por várias razões.

Do ponto de vista de aluno da vida, ele conseguiu encarar seu sentimento de culpa objetivamente — não julgava a si mesmo por estar se culpando, mas observava a essência do sentimento de culpa.

Como observou Reid, tome cuidado para que não recriminar os outros, e passe a se recriminar a si próprio pela doença. Sentir culpa é um sinal de alerta de que estamos nos recriminando. Se achamos que o câncer é um tipo de castigo, é muito importante substituir esta crença por outra mais positiva. Continue a trabalhar com a primeira meditação do capítulo 4 para modificar as suas crenças sobre o câncer. Faça um esforço consciente para enxergar o câncer não como um castigo, mas como uma comunicação negativa, uma informação que pode ser usada para melhorar sua vida. O conceito de comunicação negativa é positivo porque diminui o sentimento de que o câncer está controlando a sua vida e oferece uma perspectiva mais real do que está acontecendo. Você não percebe a vida através do câncer, embora ele faça parte dela. Continuar a crer que o câncer é um castigo não é bom para a sua saúde.

Reid destacou que tanto a recriminação como a culpa são improdutivas, ao passo que a responsabilidade, não o é. A responsabilidade nos possibilita fazer algo para ficarmos bem, enquanto a recriminação e a culpa nos mantêm presos a uma estrutura rígida de raiva e desesperança. Ver a recriminação e a culpa do ponto de vista de aluno da vida ajuda a enxergá-las de maneira objetiva. Criamos a recriminação e a culpa a partir do uso nocivo do conceito de "deveria". Dizemos: "Eu deveria ter feito isso...". Ou: "Ele não deveria ter feito aquilo...".

Um exercício para aprender a reconhecer os pensamentos e emoções sobre a doença consiste em fazer uma lista de quem ou do que você culpa pela sua doença e como se sente a respeito da pessoa, do fato ou circunstância. Podemos acusar as pessoas que tornaram nossa vida exaustiva. Podemos culpar nossos pais ou nossa família de ter uma predisposição genética ao câncer. Podemos acusar o ambiente em que vivemos. E podemos nos culpar. Talvez nem tenhamos consciência dos sentimentos de culpa ou recriminação até prestarmos atenção neles. Pratique isso como um exercício de criatividade para descobrir seus sentimentos e pensamentos mais profundos. Use a lista apenas para observar os pensamentos e emoções que surgirem enquanto estiver escrevendo.

Após terminar a lista, talvez descubra que mesmo quando achamos que alguém ou algo é o responsável direto pelo câncer, esta informação não ajuda em nada. Nessa altura dos acontecimentos, a pessoa ou o fato ficaram no passado e tudo o que se pode fazer é lidar com o presente. Portanto, talvez seja útil adotar a atitude de que não existe ninguém ou nada a quem incriminar, nem mesmo você. Tente encarar a doença como aquilo que está vivendo agora, sem relacioná-la a uma pessoa ou a um fato. Tente ver o câncer como "aquilo que é", ao invés de inseri-lo num contexto de causa e efeito. Quando puder partir do princípio de que o "câncer é aquilo que estou vivendo agora", você poderá caminhar de maneira mais vantajosa em direção à saúde, sem estar preso a culpas e recriminações. Em resumo, por ora, *deixe de tentar saber o que causou a doença para tentar descobrir o que poderá curá-lo*.

O exame da culpa não precisa ser algo sério demais. Pode até ser divertido. Faça uma lista de tudo o que deu errado desde o momento do seu nascimento. Ao lado de cada item, anote o nome da pessoa que pode ou gostaria de indicar como responsável pelo que aconteceu. Depois escreva o que essa pessoa tem de fazer para você, a fim de resgatar o erro que cometeu. Assim, você estará se dando permissão para recriminar, enquanto pode observar a essência da culpa.

Talvez descubra, como Reid, que a culpa é uma questão de controle, isto é, "Quem está controlando o que aconteceu comigo, com a minha saúde e com a minha vida?"

Ter em mãos o poder, é sentir que o que acontece em nossa vida está de acordo com o que achamos que a vida deve ser. Quando as experiências não são compatíveis com as nossas crenças, podemos sentir a perda do controle e ter vontade de culpar alguém por isso. Preste atenção às suas crenças e sentimentos sobre a questão de controle, e observe como se associam ao sentimento de culpa.

Aos poucos, você irá percebendo que ao se responsabilizar por seus pensamentos e ações, estará reunindo forças para influenciar o seu estado de saúde. Você poderá achar que tem maior controle sobre a situação — ou sentir-se mais à vontade não tendo. Terá uma percepção maior do que pode modificar e do que não pode. De qualquer jeito, você poderá se libertar do processo de recriminação. E lembre-se de que uma das melhores maneiras de eliminar a recriminação e o sentimento de culpa é entender que todos nós fazemos o melhor que podemos com a informação e o entendimento de que dispomos naquele momento. Isso é muito importante.

QUARTA
Crenças malignas e realidades malignas

Caro amigo,

Comprei e usei muitos programas de auto-ajuda para ter sucesso na minha vida profissional. Eles passaram a ter novo propósito para mim quando adicionei o que aprendi com eles ao contexto da minha experiência com o câncer. Embora não tenha estudado de novo cuidadosamente os programas, não me lembro de um só que não enfatizasse o poder da crença. Muitos desses cursos enfatizam que nossas crenças são elementos primordiais para obtermos ou não o que definimos como sucesso.

Quero examinar algumas crenças que tinha no início da minha experiência com o câncer. Eu me achava culpado por violar muitas das leis que acreditava serem as leis de Deus. E já que era culpado, sentia necessidade de me punir. Julgava ter arruinado a vida do meu filho, e merecia que minha vida terminasse. Portanto, seria adequado que eu tivesse uma doença "terminal" e nenhum tratamento médico poderia funcionar, senão a "justiça divina" seria contrariada.

E como acreditava que de certa forma estava "brigado" com Deus, eu achava que estava sozinho em um mundo hostil, onde seria punido por todas as transgressões que havia cometido.

O mínimo que eu podia afirmar era que eu tinha uma perspectiva negativa e assustadora sobre o mundo e sobre a essência da sua força criadora. Dediquei muito tempo a rever minhas antigas crenças e a estudar como a mente se utiliza delas.

Achei particularmente valioso escrever o que supunha ser a verdade sobre vários fatos. (Defini "crença" como a minha percepção ou interpretação de um aspecto da vida.) Guardei essas crenças ou verdades em um nível inconsciente e, a partir de então, elas passaram a atuar automaticamente. Digo que estão inconscientes porque não fico pensando na maneira como funcionam. Entretanto, crenças produzem pensamentos que, por sua vez, fluem para a zona consciente da mente. E aí tomo conhecimento deles.

Essa definição de crença ajudou-me a entender que as estruturas subconscientes representam um papel importante na minha doença. Percebi que o motivo por que eu conseguia pensar em idéias novas e saudáveis, mas tornar a pensar negativamente, era porque não tinha alterado as minhas crenças subconscientes que continuavam a funcionar como antes. Durante a minha experiência com o câncer, descobri que muitas das crenças que aceitei eram negativas e pouco confiáveis. Aliás, não é exagero declarar que muitas delas eram tão negativas que chegavam a ser malignas, pois conseguiram produzir uma realidade maligna. As que se relacionavam à culpa e à decorrente necessidade de punição eram especialmente perigosas. Portanto, ficou claro que, se eu pudesse, precisava rever e modificar as minhas crenças subconscientes.

Como as minhas crenças desempenhavam um papel importante no meu processo de cura, dediquei bastante tempo estudando minha mente e como as crenças eram criadas e armazenadas. A seguir, algumas das minhas conclusões:

- Minha mente é um mecanismo extremamente complexo e estou seguro de que está acima da minha capacidade entendê-la completamente.
- Minhas crenças estão armazenadas no meu subconsciente e ficam reunidas em estruturas de crença que interagem automaticamente para criar pensamentos.
- Meus pensamentos podem ser energizados ou enfraquecidos, se eu conseguir perceber o que estou pensando. Esta percepção evidencia uma diferença. Quando estou consciente — em outras palavras, quando estou agindo como um aluno da vida — posso observar os processos mentais de "Reid". Posso concordar com os pensamentos produzidos pela mente de "Reid" ou discordar deles. Posso escolher quais os pensamentos que quero energizar, concordando com eles, e quais os que desejo enfraquecer, discordando com eles. Assim, posso escolher as crenças e pensamentos que "Reid" poderá manifestar na sua vida. (Mas, no início, foi impossível estar suficientemente alerta para fazer isso mais do que alguns minutos por vez.)
- O meu lado espiritual traduz as minhas escolhas em realidade física, de uma maneira que está além da minha compreensão.

Apesar ter evoluído na minha compreensão, estava levando tempo demais para investigar as várias facetas da minha mente através da auto-hipnose e meditação. Parecia que ia levar a vida inteira analisando todo o labirinto de processos e crenças subconscientes. Achava que não viveria o suficiente para terminar os meus estudos.

E, se isso já não bastasse, outro problema gigantesco apareceu. Eu me perguntei: "Se esta mente contém crenças errôneas e nocivas do passado, como posso confiar nela para mudar e depois escolher novas crenças saudáveis e válidas?" Parecia impossível. Minha única mente possuía sérias deficiências. Não tinha mais confiança nela, depois de conhecer algumas das suas crenças.

Meu físico estava piorando rapidamente. E, ao tentar encontrar uma solução mental para os meus problemas de saúde, deparei-me com um muro de pedras. Decidi que as respostas teriam de vir da dimensão espiritual, já que era a única que eu ainda não havia explorado.

QUINTA

Escolher uma reação contra o câncer que seja mais forte do que o próprio câncer

Caro amigo,

Muita gente fica chocada quando digo que encaro o câncer como uma bênção porque foi o estímulo básico que me levou mais para perto de Deus. Considero o câncer e qualquer outra adversidade na minha vida, como uma dádiva preciosa de Deus, que me ajuda a entender melhor a minha posição em relação a Ele.

Acho que, basicamente, escolhi uma reação contra o câncer — Deus — que foi mais forte do que o próprio câncer. Cheguei à conclusão de que seria fácil para Deus curar o meu câncer. Como Ele criara tudo o que existe, poderia muito bem criar novas células no meu organismo.

Acatei esta reação — escolher Deus — contra a adversidade que enfrentava, como muito mais importante do que o problema específico (o câncer) ao qual estava reagindo. De certa forma, fui forçado a aceitar este pensamento, da mesma forma que fui forçado a aceitar muitos novos conceitos. Quando percebi que os outros seres humanos não poderiam resolver o meu problema de saúde, voltei-me para Deus, e Ele respondeu às minhas preces. Acho que esta mudança foi a pedra de toque da minha cura.

No momento em que convidei meu lado espiritual a participar do problema, descobri que o Espírito pode transformar a mente humana. E foi então que percebi que não precisava entender todos os aspectos da minha doença para ficar bom. Nessa altura dos acontecimentos, minha atitude deixou de ser uma análise mental e passou a ser uma atitude de confiança na dimensão espiritual.

Ao fazer isso, escolhi reagir ao câncer de tal forma que passei a encarar a doença como uma oportunidade oferecida ao "aluno da vida" de aprender algumas lições bem merecidas.

Uma das lições principais foi poder enxergar as limitações bastante definidas dos processos mentais humanos. Minha mente pode ser criativa e fazer novas associações a partir de várias crenças, mas aos poucos fui percebendo que essas novas criações eram apenas novas junções do que sempre estivera presente em minha mente. Também concluí que as informações espirituais vindas da força criativa poderiam ser facilmente distorcidas ou limitadas pelas minhas crenças. Aliás, parecia que a minha mente bloqueava aquilo com o que ainda não tinha capacidade de lidar.

À medida que essas limitações mentais foram ficando mais aparentes, percebi nitidamente de um ponto mais profundo do meu ser, que era necessário estabelecer alguma forma de contacto espiritual. Eu estava fazendo meditação, relaxamento progressivo e orações para tentar encontrar uma solução para meus problemas de saúde. Mas, mesmo assim, estava confiando demais nos meus poderes mentais, enquanto procurava uma realidade espiritual que parecia sempre prestes a me escapar.

Sempre acreditei em Deus, mas durante grande parte da minha vida, não consegui entender os fatos espirituais e assim preferi ignorar o assunto. Sabia que um dia teria de enfrentar a questão da minha espiritualidade, mas não estava com pressa. Tudo indicava que eu iria logo encontrar o meu Criador, quer estivesse preparado ou não. Então, o momento de me preparar tornou-se oportuno.

SEXTA
A religião como uma porta de saída

Caro amigo,

Freqüentei a Escola Dominical e a igreja, com freqüência, enquanto estava crescendo, mas sem muito entusiasmo. Aprendi o que eu "devia" fazer, mas não conseguia incorporar este comportamento. Considerava-me um fracassado e, ao mesmo tempo, sentia-me culpado.

Lembro-me de orar por várias coisas, sem obter resultados. Não conseguia usar a religião em meu proveito e achava que ela me impedia de tentar outras coisas que pareciam mais atraentes. Não via os benefícios da religião. Finalmente, decidi que a religião não me servia e abandonei-a completamente.

Naquele tempo, achava que a religião e Deus eram uma coisa só. Quando rejeitei a religião, também rejeitei a Deus. Comecei a ignorar a idéia de Deus e dos fatos espirituais e passei a pensar o que fazer com a minha vida e como iria levá-la adiante.

Minha experiência com o câncer levou-me a rever a religião e Deus. E então percebi que havia uma diferença essencial entre os dois. Agora vejo a Deus como a força criativa onipresente do universo, enquanto a religião reflete várias maneiras de interpretar essa força criativa. Os dois são relacionados, embora diferentes.

A religião tornou-se uma parte útil no meu processo de estabelecer a ponte entre o apego pela minha mente e a percepção e contato reais com Deus.

Havia passado tempo demais atraído pelos processos mentais. Nesse período li muitas coisas interessantes, conheci pessoas fascinantes e tive experiências que considerei extraordinárias. Durante certo tempo, julguei que estivesse fazendo progressos. No fim, pude perceber que estava andando em círculos dentro dos limites da minha própria mente. Ao examinar idéias sobre Deus, descobri que estava confinado pelas antigas estruturas e pela minha atitude de "faça você mesmo". Ainda estava tentando entrar em contato e comungar com Deus, de um ponto de vista independente.

Estudei inúmeras personalidades espirituais e várias religiões, mas não obtive resultados com esses esforços. Na época, não era claro para mim como a mente, as crenças, Deus, a espiritualidade e a religião, podiam conectar-se, se é que isso era possível. Mas, como minha saúde estava piorando comecei a pensar que o meu tempo nesta dimensão estava se esgotando. Se queria ajuda da religião, teria que começar a pedir logo.

Durante todo aquele período, eu não conseguia entender bem o significado dos termos "Deus", "criação", "espírito", "vida" e outros mais. Tinha lido muitos livros que tratavam do assunto, mas os significados dado pelos vários autores nem sempre coincidiam. Isto me confundiu mais ainda, porque não era capaz de decidir qual deles estava "certo".

Apesar de estudar algumas religiões orientais, sabia que o meu conhecimento nessa área era limitado. Mas, como o meu tempo parecia estar acabando, achei que deveria escolher rapidamente uma dessas religiões e estudá-la a fundo. Já que eu era natural de Gainesville, Flórida, e vivia em Chattanooga, no Tennessee, pareceu-me sensato optar pelo cristianismo. Além do que, não conhecia ninguém com uma vida mais exemplar do que Jesus Cristo. Eu precisava de um modelo e ele era o melhor que pude encontrar. Também sabia que Jesus podia curar e eu precisava e queria a sua ajuda.

Acho que está claro que não rejeitava a validade das outras religiões. Simplesmente escolhi a que melhor se adaptava à minha situação mental, social e cultural.

Ao me concentrar em uma religião, pude investir na obtenção de resultados específicos, ao invés de perder tempo — o que não sabia se tinha — numa longa busca da religião "certa". Só posso falar sobre os resultados do cristianismo, o que não acontecia com as outras opções disponíveis. É importante observar, porém, que o cristianismo produziu tal abundância de frutos na minha vida que não vi razão para continuar a busca. Acho que este é um fator considerável na análise do valor de uma religião.

Sinto que ter consciência de Deus, entrar em contato ou desenvolver um relacionamento com Ele, são os objetivos primordiais de várias religiões. Cada religião tem o seu conteúdo distinto — crenças, divindades, rituais e assim por diante. Cada seguidor pode escolher incorporar alguns, vários ou todos esses elementos. Penso que esses elementos servem para sintonizar nossa mente com o "comprimento de ondas" de Deus. Acho, essencialmente, que tomamos decisões com nossas idéias, que permitem que nos desenvolvamos espiritualmente. Isto torna mais fácil receber a comunhão, a orientação, as bênçãos, o perdão ou o que quer que procuremos.

Outra maneira de encarar a religião é observar se ela nos proporciona o meio ou a estrutura, para que o espírito de Deus possa interagir conosco espiritual, mental e fisicamente. À medida que as minhas crenças mudavam, minha mente tornava-se mais receptiva às possibilidades espirituais. Quando a minha cura milagrosa ocorreu no dia 23 de setembro de 1981, eu senti o que o chamo de interação e percepção consciente com o aspecto espiritual da vida, ou seja, Deus. Essa experiência foi o início da morte ou do declínio do meu apego à minha mente, e o surgimento da minha fé nos elementos espirituais.

A religião ajudou-me a reavaliar e a redefinir os meus conceitos de Deus, do universo e da criação. Examinar esses conceitos levou-me a mudar o meu objetivo de vida e a modificar as minhas crenças.

Muitos acham que o cristianismo é um conjunto formal de crenças religiosas. Embora o cristianismo certamente inclua um conjunto de crenças, penso nele como sendo mais uma maneira de viver e de ser, definida por uma nova realidade espiritual que me orienta a partir do meu interior. Aliás, os meus objetivos de vida estão definidos atualmente mais pelo meu espírito do que pela minha mente. Hoje minha mente está atuando mais como um recipiente de crenças do que criando crenças, como anteriormente. Eu usava a religião como um instrumento que me ajudasse a desenvolver a espiritualidade em minha vida. Durante muito tempo, eu "esperei", ao invés de "acreditar". Teria sido mais fácil ter acordado um dia com um novo conjunto de crenças, mas não foi assim que aconteceu comigo. Despendi grandes esforços durante um longo período, colaborando com a sensação de que eu estava obtendo uma forma de orientação espiritual invisível.

Na verdade, sinto que a mudança gradativa nas minhas crenças foi orquestrada espiritualmente. Sei que não "percebia as coisas" baseando-me em minhas antigas estruturas de crença. Aliás, as crenças do meu antigo ser eram contra qualquer tipo de religião. E, ainda assim, sem cessar, aquilo de que eu precisava me era dado e muitas vezes sem nenhuma razão específica — pelo menos, que eu pudesse perceber.

Descobri que a religião era valiosa para que eu me aproximasse de Deus. Além do mais, o meu contato espiritual ficava mais profundo e infiltrado, à medida que eu entendia melhor os desígnios da religião que escolhi. É um fenômeno duradouro. Minha compreensão parece ir aumentando enquanto estudo e aplico o que aprendo à minha vida. Ainda assim, percebo cada vez mais quão escasso é meu conhecimento a respeito da sabedoria de Deus. Conforme minha compreensão vai se expandindo, igualmente se expande o significado de Deus em minha consciência, e a natureza limitada dos processos mentais humanos torna-se mais evidente, à medida que o tempo passa. Cheguei à conclusão de que não preciso entender perfeitamente Deus e suas ações. Descobri que me saio melhor na vida ao confiar na orientação Dele ao invés de confiar nas crenças de Reid. Recebo orientação quando medito após ler a Bíblia. Essa intuição geralmente aparece em forma de uma débil voz interior. Mas, certa vez, cheguei a ouvir uma voz audível. Como era de se esperar, a orientação que recebo não pode ser percebida pela lógica humana, mas está de acordo com os ensinamentos da Bíblia.

Comentários sobre a quarta, quinta e sexta cartas

Vamos examinar a idéia de que o câncer tem poder. Assim como Reid, grande número de pacientes dão muito valor ao poder do câncer. Alguns sentem-se impelidos a procurar um tratamento que seja mais poderoso do que o câncer. Outros deixam de se esforçar para lutar contra o câncer, achando que ele é tão forte que não conseguirão vencê-lo.

Lembre-se de que as suas crenças culturais sobre o câncer não se baseiam na realidade e são incorretas. Você aprendeu que o câncer compõe-se de células fracas, confusas e deformadas. Quando envidar todos seus esforços para recuperar sua saúde, lutando contra as células do seu organismo que são fracas por natureza, então notará como é reduzido o poder do câncer. Além disso, se você acreditar que a sua família e seus amigos estão apoiando os seus esforços, e se acreditar que a força que o gerou está apoiando o seu esforço, terá obtido o poder para voltar a ficar bom. Lembre-se de que o problema primordial com o câncer é a maneira danosa com que as pessoas lidam com as tensões do dia a dia, que decorrem de crenças prejudiciais que agora você já pode mudar.

E mesmo que não esteja tentando conscientemente influenciar a sua saúde, se apenas mantiver um estado de neutralidade já estará se ajudando sempre que fizer isso. Não precisa fazer um enorme esforço para influenciar sua saúde rumo a um caminho mais positivo. Pode dar pequenos passos, relaxando de vez em quando, ou mesmo se divertindo.

Portanto, lembre-se disso quando pensar no poder do câncer e exija um pouco desse poder para você.

Ao investigar suas crenças sobre a vida estará se ajudando a descobrir o que acha verdadeiro sobre a doença em um nível mais profundo. Suas crenças básicas influenciam todos os aspectos da sua vida de forma mais densa.

As crenças básicas são aquelas sobre a natureza da humanidade, do mundo, do universo e das forças que controlam esse universo. Crenças fundamentais são as que temos sobre tudo o que existe — como um aspecto da vida influencia os outros e como todos os aspectos estão interligados.

Não existe um método comprovado que defina a verdade ou exatidão das crenças básicas de alguém. Mas, você já deve ter certa experiência em determinar o valor curativo das crenças com o teste de cinco perguntas preparado por Maultsby, citado no capítulo quatro. (As primeiras quatro perguntas são relativas às crenças básicas.)

Muitos de vocês devem ainda estar tentando identificar suas crenças básicas, por isso vou indicar um exercício simples. Pare e pergunte a si mesmo, agora, como se sente a respeito da sua recuperação: *esperançoso ou desiludido*? Vamos examinar o que o seu sentimento sobre as suas crenças significa. Ter esperança reflete a crença de que coisas boas podem acontecer a você e de que você pode influenciar a sua vida. A desilusão reflete as crença de que seus desejos não podem ser obtidos e que não existem escolhas disponíveis. Na desesperança está embutida uma atitude inconsciente de rigidez e distanciamento, enquanto na esperança existe flexibilidade e receptividade.

Você consegue perceber o que a sua atitude inconsciente a respeito da sua doença revela sobre as suas crenças?

Ao trabalhar com crenças básicas, a questão principal geralmente passa a ser: "Será que o universo (Deus) realmente se preocupa comigo?" Sugiro que experimente pensar sinceramente que sim. Repita que sim regularmente e descubra o que acontece.

Seja delicado consigo mesmo ao examinar suas crenças básicas. Aliás, seria um bom momento para começar a ser mais delicado consigo mesmo o tempo todo.

Como a espiritualidade, a religião e os milagres são questões controversas para muita gente, acho importante estar consciente do momento propício, ao examinar essas questões. Permita-se ir em frente da maneira que lhe apraz, no seu próprio ritmo. Como as questões espirituais quase sempre surgem de maneira indireta, em contextos surpreendentes — através de exercícios, alimentação e relacionamentos, por exemplo — acho improdutivo forçar-se a examiná-las se não estiver interessado agora. Concentre-se no que é importante para você.

E para aqueles que já estão interessados nas questões espirituais, sugiro que as examinem com curiosidade e entusiasmo.

Descobri que o processo de cura não está limitado a um grupo de pessoas, a uma filosofia ou a uma religião em particular. Pessoas do mundo inteiro, de inúmeras religiões, com uma grande gama de crenças e hábitos curaram-se milagrosamente. Da mesma forma que pessoas que não têm religião mas são profundamente espiritualizadas. E também aquelas que não possuem nenhum conceito de espiritualidade.

As idéias que Reid e eu estamos apresentando aqui não são novas. Já existem há muito tempo e sempre reaparecem no trabalho de alguém. Se você for contra o estudo de aspectos religiosos, mas gostaria de receber informações sobre espiritualidade, verá que há muito material a respeito. (A lista de livros recomendados no final deste livro poderá lhe ser útil.) Se achar que a abordagem espiritual não o sensibiliza, peça ajuda às pessoas que se interessam por questões espirituais, sem serem religiosas.

Existem muitas outras maneiras de explorar a espiritualidade. Praticamente, qualquer experiência com a natureza é uma oportunidade de observar ou sentir-se parte do fluxo da vida. Vá acampar. Faça jardinagem. Dê um passeio. Sente-se ao ar livre. Repare no pôr-do-sol da sua janela.

Ficar absorto em alguma atividade criativa pode ajudá-lo a sentir uma ligação espiritual consigo e com o mundo ao seu redor. Escreva, pinte, desenhe, faça um bolo, dance, cante — faça qualquer coisa que estimule sua criatividade com prazer.

Praticar esportes também pode colocá-lo em contato com o fluxo da vida. Trata-se da sensação que sentimos quando estamos totalmente imersos no momento presente e nos movemos da maneira certa no momento certo. Esses momentos podem criar a sensação de estar em sintonia com o universo.

Qualquer experiência de estar em contato com uma força maior do que nós pode nos tornar conscientes do lado espiritual da vida. À medida que for tendo mais experiências, você irá começar a confiar nesta ligação e aprender a usá-la como um recurso para ficar bom.

SÉTIMA

A dúvida como um processo para proteger antigas crenças

Caro amigo,

Durante muito tempo, no início da minha experiência com o câncer, me peguei querendo acreditar em várias coisas, o que me deixou abalado com as dúvidas que me atormentavam. No meu entender, essas incertezas impediam o meu progresso e, por isso, fiquei muito frustrado, o que aumentou ainda mais a tensão associada à difícil situação em que me encontrava. Nem é preciso dizer quantas eram as minhas dúvidas.

No devido tempo, dei-me conta de que o mecanismo de desconfiança não era positivo nem negativo. Era e é um processo mental normal que tem uma função muito importante. Como pude observar, minhas dúvidas protegiam minhas estruturas de crença. Minha mente automaticamente considerava válidas minhas estruturas de crença. Em minha opinião, a dúvida não julga as crenças, mas as protege. Ela protege tanto as crenças positivas quanto as negativas.

Sempre que lia, observava e vivenciava algo que contradizia minha atual estrutura de crenças, desancadeavam-se pensamentos de dúvida na minha mente. Esses pensamentos questionavam tanto a validade da crença quanto a validade da nova interpretação ou da crença em potencial. Mas, eu observei que na origem de tal conflito as minhas dúvidas eram anuladas em favor das crenças. No final, percebi que minhas dúvidas eram geradas pelas estruturas de crenças que eu possuía e eram por elas influenciadas. Descobri que eu tinha uma forte tendência a rejeitar tudo que contradizia minhas crenças.

Outros pacientes com câncer relataram-me que tinham tendências semelhantes. Por exemplo, um obstáculo comum é tentar superar crenças antigas sobre a "infalibilidade dos médicos" e sua capacidade de prever corretamente quanto tempo o paciente ainda tem para viver. Na verdade, optei por acreditar que os meus médicos não tinham o poder de saber se eu ia viver ou morrer — isto era uma questão entre mim e Deus.

Vou mostrar como lidei com as estatísticas usando o meu ponto de vista de aluno. Digamos que um médico dissesse: "De cada dez pessoas, nove com as características que encontramos no seu organismo, Sr. Henson, vivem no máximo seis meses". Meus pensamentos podiam escolher as seguintes opções:

> O médico está falando em termos estatísticos, mas não sou como a maioria das pessoas. Eu sou eu. Talvez as outras pessoas com essa doença escolheram não lutar contra ela. Eu escolhi. Talvez as outras pessoas não tenham trabalhado o seu lado espiritual ou mental. Eu trabalho. Este médico não conhece a situação espiritual e mental das pessoas que morreram e daquelas que continuaram a viver.

Senti que valia pena ouvir o que o médico tinha a dizer sobre a minha doença, mas restringia a sua opinião, pois percebia que ele tinha um ponto de vista limitado. Sentia que as suas estatísticas podiam não ser importantes para mim.

O médico havia se concentrado no que ele via no meu organismo, no momento em que o examinara. A partir do que vira, ele só podia pressupor o que havia antes ou depois do exame. Embora suas observações sejam úteis, elas podem ser também enganadoras. O organismo é um mecanismo dinâmico que muda a toda hora.

Muitas curas ocorrem de forma incompreensível. As pessoas ficam boas por razões que estão além da nossa compreensão.

Ao procurar métodos de cura alternativos, o ponto mais importante, no meu caso, relacionava-se ao poder dos procedimentos médicos, comparado ao poder dos processos mentais e espirituais. Mais uma vez, achei que a abordagem do aluno me foi extremamente valiosa. Como aluno, eu podia explorar livremente novos pensamentos, permitindo que minhas dúvidas me guiassem. Ao estudar fenômenos como o efeito placebo na medicina, o impacto da sugestão hipnótica sobre o organismo humano e ao ler mais estudos sobre a "vontade de viver", minhas dúvidas diminuíram e passei a acreditar mais no poder da mente e do espírito.

Eu acredito que a incerteza é uma função mental muito valiosa e importante. Se minha mente não possuísse um mecanismo de dúvida, ficaria exposto a todas as novas idéias que surgissem. Os meus processos mentais ficariam "pulando" de um lado para outro, sem cessar. Eu não teria um fio condutor na minha vida e seria incapaz de aprender e reter coisas de valor. O mecanismo da dúvida protege as minhas decisões anteriores sobre o que é certo e errado. Esse mecanismo me capacita a continuar a partir do que já aprendi anteriormente.

Escolhi muitas crenças que não foram úteis, embora essas crenças tenham me parecido verdadeiras no momento em que as aceitara e armazenara no meu subconsciente. Antes, não havia percebido de maneira consciente a necessidade de modificar essas crenças errôneas ou mesmo de revê-las. O câncer me deu uma razão poderosa para observar minha mente e seu conteúdo com muito cuidado. Vi as minhas dúvidas como o fruto do mecanismo de proteção que toma conta das crenças, e essa nova perspectiva diminuiu o nível de medo, ansiedade e frustração, à medida que passava a examinar novas possibilidades.

Comentários sobre a sétima carta

Reid tem razão ao declarar que a dúvida tem um papel importante, protegendo aquilo em que acreditamos, até que possamos examinar cuidadosamente outras considerações. Ela também pode nos ser muito proveitoso para descobrir quais são as nossas crenças.

Experimente fazer este simples exercício: finja que o universo é bom, que existe uma força amorosa que faz o universo funcionar e que essa força amorosa vai ajudá-lo a ficar bom. Relaxe imbuído desse conceito com uma sensação de esperança. Observe em que ponto a dúvida começa a invadir a sua mente. Isto lhe mostrará como Reid usou o sentimento de dúvida para conhecer melhor as suas crenças.

Agora, faça o exercício ao contrário: finja que o universo é ruim, que as forças do mal o controlam e que essas forças não vão ajudar você. E preste atenção no ponto em que a dúvida começa a se insinuar nos seus pensamentos.

Agora, finja que uma dessas duas teorias está mais próxima da verdade que a outra. Em qual das duas você preferiria acreditar? Eu diria que é menos estressante passar a acreditar em um universo positivo, não é? Não deixe de observar as emoções criadas por tais crenças.

Sem dúvida, definir o universo não é tão simples nem tão fácil. Mas, não é preciso classificar o universo inteiro para continuar com o procedimento. Por enquanto, tente descobrir apenas uma crença nociva à qual continua a se apegar, e concentre-se em modificar esta única crença. Sempre que observar um pensamento oriundo da antiga crença, pense: "Duvido que isso seja verdadeiro, pois eu acredito mesmo em .... (sua nova crença)". Outra maneira de identificar esses pensamentos nocivos é conscientizando-se das emoções e sentimentos indesejáveis por eles criados.

Quanto mais consciente você ficar de que está duvidando da sua capacidade de ficar bom, ou duvidando de que o tratamento possa dar resultados, mais consciente ficará da necessidade de modificar as suas crenças. Lembre-se de que as suas crenças criam os seus sentimentos; portanto, esses sentimentos nocivos mostram as crenças nocivas que você poderá, com a prática, modificar conscientemente.

Mais uma vez, sua reação à dúvida constante pode ser muito mais importante do que o simples fato de ter dúvidas.

OITAVA

O milagre da revelação e do arrependimento

Caro amigo,

Não consigo explicar por que ou como algumas pessoas têm experiências espirituais profundas. Acontece por alguma razão, como no meu caso, por exemplo, que vem acontecendo inúmeras vezes no decorrer dos anos.

Em 23 de setembro de 1981, tive uma dessas experiências que mudaram a minha vida. Eis o que aconteceu:

Eu estava sozinho em casa, trabalhando em um processo que, segundo um psicólogo, poderia me ajudar a resolver algumas mágoas que tinha contra meu pai. Seguindo a orientação do psicólogo, sentei-me diante de uma cadeira vazia, na qual imaginei que meu pai estava sentado. Comecei a falar com ele sobre algo muito importante, quando me dei conta de que a minha vida inteira estivera errado quando pensava que ele não me amava. Comecei a chorar, soluçando fortemente, sentindo muito remorso. Parecia-me que Deus cometera um erro ao dar vida ao mundo em que vivemos. E continuava a soluçar, dizendo "Por que a vida tem de ser dessa maneira?"

Num certo momento, entrei em um estado de consciência que não consigo descrever. Milagrosa experiência espiritual tinha começado. Não tive uma visão. Não ouvi vozes. Mas, de maneira surpreendente, palavras começaram a surgir na minha mente.

Eis as palavras que surgiram em minha mente:

A VIDA NÃO TEM DE SER ASSIM.
ESTE FOI O CAMINHO QUE VOCÊ ESCOLHEU.
AS LÁGRIMAS QUE ESTÁ CHORANDO AGORA, SÃO AS LÁGRIMAS QUE CHOREI POR VOCÊ, QUANDO ESTAVA NO CAMINHO ERRADO.
ESTE NÃO FOI O ÚNICO RELACIONAMENTO QUE VOCÊ NÃO ENTENDEU.
OUVI SUAS PRECES PEDINDO PARA RECOBRAR A SAÚDE, E RESPONDEREI NO MOMENTO PROPÍCIO.

Imediatamente, surgiu a dúvida. Pensei: "Será um sonho? Será que a minha mente está me pregando uma peça? Será isto verdadeiro?" E enquanto essas dúvidas começavam a se formar, foram interrompidas imediatamente pela seguinte frase, que tinha a mesma força e qualidade das anteriores:

ISTO É VERDADEIRO!

Imediatamente, as dúvidas desapareceram! Eu sabia que era verdadeiro! E eu sabia que era verdadeiro de uma maneira como jamais tinha sabido algo antes. Não podia explicar. Não conseguia entender. Mas nem precisava. Era simplesmente verdadeiro.

Naquele período da minha doença, a contagem sangüínea estava muito baixa. Tive uma infecção e fui hospitalizado. Vários dias mais tarde, meu médico ficou parado à beira da minha cama, examinando a papeleta do hospital. Via-se que estava muito preocupado. Com muita confiança, eu disse: "Doutor, não se preocupe comigo. Vou ficar bem". Ele me olhou, com ar de quem está duvidando e pensou: "Se é isso que ele acha, é melhor eu não dizer nada". E me respondeu: "Espero que sim", e saiu do quarto.

Isto foi em outubro de 1981. No dia 9 de janeiro de 1982, o mesmo médico telefonou para me informar os resultados do último exame de sangue. Ele me disse, "Sr. Henson, não sei o que fez e espero que me conte — a sua contagem sangüínea está melhor do que a minha!". Desliguei o telefone e chorei longamente.

Nunca esquecerei essa experiência, nem a mensagem que recebi no dia 23 de setembro de 1981. É a lembrança que mais prezo. Não preciso de médicos, psicólogos, sacerdotes, amigos ou estranhos para me explicar o que houve. Sei o que aconteceu! Eu estava lá! E vivi aquela experiência!

Talvez você ainda não tenha tido esse tipo de experiência. Mas, muitas pessoas já tiveram. E, no decorrer de vários séculos, muitas outras têm sido inspiradas e recuperaram a esperança a partir de experiências semelhantes.

Acho que outras pessoas podem se beneficiar com a minha experiência e é por isso que a estou relatando. Quem sabe algo de excepcional vai mudar a sua vida? Assim como o câncer não acontece apenas com o vizinho, milagres também não acontecem só com os outros.

Não tinha a menor idéia do que ia ocorrer quando acordei no dia 23 de setembro de 1981. Mas, estou feliz por não ter me deixado abater por situações negativas anteriores. Imagine o que eu teria perdido!

Comentários sobre a oitava carta

Antes de mais nada, vamos examinar o significado da palavra "milagre". Segundo o dicionário, milagre é um evento ou ação que aparentemente contradiz as leis científicas conhecidas e portanto é considerado como algo sobrenatural, uma manifestação da presença de Deus. Decida por si mesmo se a cura de Reid se encaixa nessa definição.

Acho que um milagre depende do ponto de vista pessoal. Gosto de pensar que tudo na vida é um milagre. É um milagre que a Terra exista. É um milagre que nós existamos. O nascimento de uma criança é um milagre. O nascimento de um animal é um milagre. Todas essas coisas são milagrosas porque não conseguimos explicar por que elas acontecem — podemos explicar em parte como acontecem, mas não por que elas acontecem.

Algumas pessoas preferem adotar o ponto de vista oposto e dizer que nada é milagre, que tudo pode ser explicado.

Einstein já disse que o que é realmente inacreditável a respeito do universo é o fato de podermos compreendê-lo. E eu acho que essa declaração indica que ele teve experiências da inter-relação de todas as coisas do universo. Acho que muitas pessoas têm essa percepção que passamos pelas chamadas experiências "topo da montanha", isto é, momentos em que sabemos que tudo está bem, em que sentimos paz de espírito, ou uma sensação de estarmos seguindo o fluxo do universo ou de estar em harmonia com tudo o que nos rodeia.

Acho que essas experiências são milagrosas e têm a mesma essência da que Reid sentiu ao saber que Deus se comunicou com ele e lhe disse que ficaria bom. Acho que essa compreensão de Reid é tão milagrosa quanto a cura física que teve em seguida.

Alguns dos nossos leitores terão notado que a mensagem de Deus contém uma frase que Reid usa com freqüência: "no momento propício". Sei por experiência própria que quando alguém recebe uma mensagem das forças criadoras do universo, ela vem em linguagem compreensível para a pessoa, em termos que contêm grande significado para ela e com palavras que encerram profundas ligações. Quando recebo uma mensagem enquanto estou meditando, ela aparece em inglês e não em russo. Isto não quer dizer que Deus está falando inglês, mas eu a escuto em inglês, para que possa compreendê-la.

Mas, hipoteticamente, vamos imaginar que a mensagem recebida por Reid não tenha vindo de Deus e sim do seu subconsciente. O que é o subconsciente? Ninguém sabe de verdade. Talvez o subconsciente seja o elo entre cada ser humano e as forças criativas do universo. E daí se foi o subconsciente de Reid? Faria alguma diferença? Reid teve uma experiência na qual ele se tornou receptivo ao mistério da vida, durante a qual ele teve uma sensação de conhecimento, de imensa calma de que tudo ia dar certo. E no âmago do seu ser, o medo desapareceu. No seu coração e em sua mente, ele sabia que ia ficar bom. A partir desse conhecimento surgiram as mudanças fisiológicas de que ele necessitava.

Se Reid viesse a ter uma recidiva, isto não equivaleria a uma negação da sua experiência. Seria apenas outra mensagem, outra lição a aprender.

Penso que Reid tinha uma linha direta com Deus. Ao mesmo tempo, acho que tudo faz parte de Deus. Se, de alguma maneira, pudesse ser demonstrado que a mensagem veio do subconsciente de Reid, para mim não faria nenhuma diferença. Se tudo é parte de Deus, então o subconsciente é parte de Deus. Eu mesmo tive duas experiências semelhantes, conheço muitas pessoas que tiveram essas experiências e li a respeito de centenas de outras. Sei que partilho com Reid os profundos sentimentos que acompanham esse tipo de experiência, o profundo senso de compreensão da relação que temos com o universo e o lugar que ocupamos nele, assim como a paz e alegria inefáveis que esse conhecimento nos proporciona.

Mas, a experiência não tem de ser profunda para ser válida. Quando fazemos uma pergunta durante a meditação e obtemos uma resposta que vem acompanhada de uma sensação íntima de que essa resposta está correta, é porque entramos em contato com a sabedoria que está dentro de nós e ao nosso redor, como foi o caso com Reid. Como ele, dê valor à dúvida que surge sobre a validade da informação. Se tiver certeza de que é, decida-se seguir adiante e estabeleça uma data para dar o primeiro passo. Aceite a sua sensação. Tome decisões baseadas nela. Planeje-se e comprometa-se de maneira clara a utilizar essa informação. Isto vai ajudar, se surgirem outras dúvidas, como em geral acontece — sobretudo se precisar fazer mudanças em sua vida que incomodem ou causem inconvenientes a outras pessoas. Sempre poderá rever a sua decisão e agir em consequência, ao invés de simplesmente descartá-la. É muito importante agir.

Acho que é possível se comunicar com o universo e aprender com ele. Trata-se de um processo ativo, um processo que nos mantém receptivos e dispostos a explorar a imaginação. Uma forma de agirmos sobre o que compreendemos agora e ficar abertos à possibilidade de maior compreensão posterior. Peça para compreender. Peça para ter experiências como a de Reid. Não insista em obter o mesmo resultado, mas crie expectativas positivas sobre qual seria o seu resultado pessoal, na sua experiência exclusiva, da sua maneira individual.

NONA
Descobrir um propósito na vida

Caro amigo,

Penso que o meu progresso em direção à cura foi consideravelmente acelerado quando me dei conta de que o meu antigo objetivo de vida não estava dando certo e decidi substituí-lo.

Durante grande parte da minha vida, não consegui identificar quais eram os meus mais amplos objetivos de vida. Embora houvesse coisas que desejava fazer, tropeçava em muitas contradições e lembro-me que ficava frustrado com minha incapacidade em estabelecer prioridades claras.

Já tinha ouvido outras pessoas falarem de objetivos pessoais, mas não conseguia fixar objetivos para mim. Parecia complicado demais quando tentava pensar nisso. Agora, tornou-se nítido que o meu objetivo verdadeiro era o que muitas pessoas chamariam de "ter sucesso". Acho que era necessário provar para mim e para os outros que eu era uma pessoa de valor, obtendo algumas coisas materiais. Queria ganhar muito dinheiro, ocupar uma posição de destaque dentro de uma boa empresa, uma casa bonita, roupas da moda, um carro de luxo, etc.

No final, consegui quase todas as coisas materiais que queria. Mas, assim que as obtive, percebi de que elas de nada valiam para aumentar minha felicidade. Minha experiência com o câncer colocou isto em evidência.

Como ponto de partida da busca de um novo propósito de vida, decidi que precisava de uma perspectiva de vida mais abrangente. Queria ver como eu me encaixava no esquema geral das coisas, achando que poderia aí descobrir qual seria a minha verdadeira razão de ser. Coloquei na cabeça meu chapéu de aluno e criei um cenário que me permitisse olhar a vida de outra maneira.

Decidi pensar em Deus como o dono deste planeta, uma pessoa muito abastada, possuidora de uma imensa propriedade. Ele me convidara a ser hóspede da sua propriedade, e por alguma razão eu aceitara o convite, embora não soubesse exatamente o que Deus planejara para a minha visita.

É claro que havia outros hóspedes nessa propriedade, que pareciam estar na mesma situação que eu. Eles também eram convidados. Nada traziam com eles e nada levavam quando iam embora. Alguns ficavam mais tempo do que os outros.

O proprietário foi benevolente comigo e com os outros hóspedes. Ele nos deu ar para respirar, água para beber, alimento para comer, roupa, habitação e os outros hóspedes como companhia. Sem dúvida, ele é muito generoso e, assim, diante da sua generosidade, é justo tentarmos ser um bom hóspede.

Parece óbvio que um bom hóspede deveria pelo menos tentar não estragar essa linda propriedade. Posso usá-la a meu bel-prazer, mas deveria tentar deixá-la como a encontrei, após tê-la usado como desejava. Não deveria desperdiçar os recursos da propriedade, nem poluir a sua beleza natural. Em resumo, deveria ter cuidado ao lidar com ela.

Também me parece adequado ser gentil e atencioso com os outros hóspedes, sem tirar-lhes a alegria. Eles têm com o proprietário o mesmo relacionamento que eu; portanto, não me vejo no direito de dizer-lhes o que devem fazer — sobretudo que nem eu mesmo sei ao certo como agir. Mas, posso comportar-me de forma a não feri-los nem interferir em suas atividades.

Decidi que quero me conduzir de maneira semelhante à do proprietário. Ele é delicado e atencioso, provendo as minhas necessidades e as dos outros hóspedes. E ele, sem dúvida, nos deu muita liberdade.

A propriedade é linda, muito complexa e totalmente interdependente. Cada aspecto da propriedade interage com todos os outros aspectos, incluindo os hóspedes. A coisa toda parece estar viva e reage à mínima mudança, por menor que seja. Parece que há uma sabedoria por trás de toda mudança. Por outro lado, a sabedoria do proprietário parece prevalecer, enquanto a propriedade se adapta aos distúrbios e tenta continuamente encontrar um equilíbrio, que proporciona uma harmonia completa.

Esse jeito de olhar a vida sobre a Terra de um novo ponto de vista não revelou os propósitos de Deus para mim, mas possibilitou-me ver a Deus, a mim e aos outros de forma equilibrada e útil. Não somente sou aluno da vida, como sou um hóspede que está aqui para servir aos propósitos de Deus, em lugar de servir aos meus propósitos. Porém, servindo ao Criador de maneira harmoniosa, a minha vida pessoal também se aperfeiçoa.

Ao observar a maneira como funciona a minha mente, cheguei a compreender que se trata de um mecanismo destinado a obedecer às metas que eu escolher. Uma vez selecionado um objetivo, o automatismo da minha mente toma a dianteira. Todas as suas funções são criadas para ativar ou manifestar o objetivo escolhido. Minha mente é altamente seletiva neste sentido. Depois de estabelecida a meta, minha mente volta-se para as coisas que possam contribuir para que eu a atinja. Minha mente não dá a mesma atenção a todos os acontecimentos da minha vida. Ela acha alguns mais relevantes do que outros. Na verdade, ela leva em consideração apenas o que é relevante para que o meu objetivo seja atingido. Outros acontecimentos são notados e armazenados subconscientemente, mas não recebem a mesma atenção consciente.

Por exemplo, se eu decidir ir a Atlanta, minha mente automaticamente exclui as informações que tem sobre Nova York, Chicago, Los Angeles e assim por diante. Do momento que escolhi Atlanta, os outros possíveis destinos não são importantes. Minha mente apenas indaga fatos relacionados com o destino que escolhi: Quando irei a Atlanta? Como chegarei lá? Quero ir de carro ou de avião? Onde vou me hospedar?

Da mesma maneira, no momento em que determinamos um objetivo na vida, nossa mente apresenta apenas as informações que interessam àquele objetivo. Quando meu objetivo tornou-se o de servir a Deus e à sua criação, comecei realmente a progredir no sentido de recuperar minha saúde. Também pude observar que minha vida parecia ficar mais harmônica em outras áreas.

Meu objetivo tornou-se ainda mais bem definido quando estive à beira da morte no hospital. Ao rever minha vida, senti como se estivesse literalmente dividido em dois: a minha parte errante separada completamente da parte que era intacta e pura. Tornou-se evidente que o que realmente importa na nossa vida são as coisas que fazemos desinteressada e afetuosamente às outras pessoas. Mesmo as menores ações efetuadas de maneira desprendida e com amor, exercem um grande efeito sobre o universo. Acho que permanecem escritas de maneira indelével na coluna de créditos da nossa existência. As coisas materiais são importantes apenas nesta dimensão física. O presente mais valioso pode ser aquele que não custou nada. A intenção é o que importa.

Embora minha percepção do propósito da vida continue a mudar, a maneira como eu comunico o que sinto agora é expressando o amor de Deus em tudo o que faço, e que escolho fazer o que está em harmonia com Deus e sua criação.

Levou muito tempo para que eu aceitasse a imensa responsabilidade de eleger um objetivo útil para a minha vida. Foi uma escolha que teve grandes conseqüências.

O ponto de mutação ocorreu quando passei a me ocupar com o que poderia fazer com as oportunidades que Deus estava me oferecendo nesta dimensão. Mesmo as pequenas modificações no meu objetivo pareciam ter ramificações a longo prazo. Quando defini o meu propósito mais claramente, comecei a ver e a viver a vida de forma diferente.

Comentários sobre a nona carta

No passado, Reid se via como se fosse, de certa forma, o centro do universo, com todas as coisas à sua disposição para que tivesse sucesso. Desde que ele começou a se crer hóspede neste planeta, deixou de ser o centro do universo e passou a fazer parte dele. Isto lhe deu uma nova visão. Ele pôde observar como as suas atividades diárias colocavam-no dentro de uma perspectiva maior. Passou a entender o seu objetivo, inserindo-o no esquema geral das coisas. Começou por tentar ser apenas um bom hóspede deste planeta e, ao fazer isso, deu o primeiro passo para esclarecer o seu objetivo para servir à vida, ou seja, a Deus.

Se você está tentando descobrir qual o seu objetivo e se sente perdido, sugiro que siga o exemplo de Reid. Tente enxergar-se como hóspede neste planeta. Que contribuição pode dar? Que talentos especiais você tem? Como pode usá-los para tornar sua vida mais feliz e plena?

Uma área importante, quando examinamos o nosso objetivo, é a maneira como interagimos com outras pessoas e como isso afeta o que fazemos conosco. Lembre-se da experiência de Reid com a casa de recuperação para drogados e com o seu emprego — ele estava passando tempo demais ajudando os outros, quando precisava se concentrar em si mesmo. Quando recuperou a saúde, ele foi capaz de dar fantásticas contribuições, como a de partilhar com os demais o que aprendeu a partir das suas experiências com o câncer.

Não estou querendo dizer que não possa incluir entre os seus objetivos atuais cuidar das outras pessoas. Se isto lhe dá prazer, vá em frente. Mas, não o faça em detrimento da sua saúde.

Talvez você tenha sempre tomado conta das outras pessoas, mas essas pessoas não estão mais por perto para serem cuidadas — os seus filhos cresceram e se mudaram, seu marido morreu ou seus pais, de quem sempre tomou conta, morreram. Ainda acha importante cuidar dos outros? Pense em novas formas de atingir sua meta. Há tantas maneiras de fazer isso — seja voluntário na distribuição de sopa aos pobres. Peça à sua igreja para lhe dar o nome de alguém que esteja longe de casa e se corresponda ou telefone regularmente para essa pessoa. Ofereça-se para cuidar dos filhos de um vizinho. Doe o seu tempo e habilidades para um centro de reciclagem — as possibilidades são infinitas.

Lembre-se de que o objetivo de vida pode mudar. Enquanto certa vez ele possa ter sido cuidar dos outros, talvez seja o momento de abandonar essa posição e deixar que os outros cuidem de você.

Se tiver dificuldades em definir o seu propósito de vida, talvez seja bom começar pelas pequenas coisas. Concentre-se no que fazer hoje. Talvez o objetivo de hoje seja descansar. Ou talvez ajudar a melhorar o desempenho do seu tratamento através da meditação. Ou ainda escrever uma carta para a sua neta. Quando se sentir à vontade concentrando-se em um propósito por dia, poderá fazer o necessário para definir o seu objetivo de vida. De que forma o descanso de hoje ou a meditação para ajudar o tratamento pode se enquadrar em um objetivo maior? Talvez esse seja o primeiro passo para definir o seu objetivo, usando a experiência do câncer para passar a valorizar melhor a vida. De que forma escrever uma carta para a sua neta se enquadra em um objetivo maior? Talvez o primeiro passo para definir o seu objetivo seja passar adiante a sabedoria que você acumulou, de forma que a vida dos outros fique mais enriquecida. Esses são apenas alguns exemplos que, espero, poderão ajudá-lo a esclarecer suas metas.

Outra maneira de abordar o seu objetivo talvez seja apenas observar aquilo que lhe interessa mais. ou onde residem os seus talentos. Se gosta de cozinhar, talvez o seu objetivo seja usar esse dom. Se for um bom carpinteiro, talvez o seu objetivo tenha algo a ver com a carpintaria. Se for um bom "*micreiro*", talvez o seu objetivo tenha algo a ver com computadores.

Pare por uns minutos para escrever aquilo que executa bem e para pensar em como usar as suas capacidades para servir a si mesmo ou a outras pessoas. Em qualquer caso, assim como Reid o fez, você estará servindo à vida. Lembre-se de consultar também a sua sabedoria interior para que ela o ajude a esclarecer quais as áreas que podem servi-lo melhor.

DÉCIMA
Despertar novamente a vontade de viver

Caro amigo,

    Creio que há uma nítida correlação entre a minha vontade de viver e a minha saúde. Também creio que a minha vontade de viver é afetada por meus pensamentos e crenças e também pela minha alegria de viver. No meu ponto de vista, tudo isso se fundamenta e surge a partir das minhas crenças sobre Deus, que define os limites dentro dos quais eu percebo as minhas experiências de vida. Não posso provar isto a ninguém. Só que sei que é verdadeiro para mim.

    Deve se lembrar que antes do diagnóstico do câncer, eu tinha um problema atrás do outro — a morte do meu filho ao nascer, o divórcio, o vício com drogas do meu outro filho. Não via o fim dessas dificuldades e estava desiludido com a vida em geral. Acreditava cada vez menos que seria capaz de lidar bem com os difíceis problemas que estava enfrentando. Uma sensação de desamparo havia surgido em minha vida, acompanhada de uma sensação de desesperança.

    É importante entender que conscientemente não queria morrer, mesmo se as minha crenças subconscientes em relação à culpa e ao castigo indicassem que eu não merecia viver. Ao contrário, achava que ia viver por muito tempo. Estava em ótimas condições físicas, pelo menos aparentemente. Fazia exercícios de maneira constante e vigorosa. Não fumava. Tinha alguns prazeres na vida. Mas, só alguns. Minha vida era trabalho, trabalho, trabalho. Agora percebo que a minha carreira era uma válvula de escape. Quando enchia minha mente com questões relativas ao trabalho, não tinha que pensar sobre meus problemas pessoais.

    Tinha pouca experiência em lidar com os meus problemas pessoais. Em geral, eu os ignorava. Olhando para trás, percebo que me concentrava nas questões que me achava competente para tratar — as que tinham a ver com o trabalho. Naquele tempo, parecia-me mui-

143

to normal deixar para depois os problemas pessoais. Mas, a longo prazo essa atitude não deu certo.

Tenho a impressão de que uma profunda insatisfação com a vida (o que chamamos em geral de depressão, entre outras) pode provocar desvios que preparam o organismo para a morte — liberando, assim, a pessoa das circunstâncias perturbadoras desta dimensão. As funções orgânicas normais foram alteradas. Mudanças significativas tornaram-se aparentes depois de um certo tempo, até chegar ao diagnóstico de câncer.

Do meu ponto de vista como aluno da vida, comecei a olhar de perto o que a minha vida tinha sido. Pude ver que para mim, o câncer foi um sinal de alarme, indicando que era necessário fazer mudanças na minha vida. Percebi que uma das coisas positivas sobre a minha doença foi que agora eu estava liberado do trabalho para poder mudar. E tinha uma razão forte para começar a tratar das questões pessoais imediatamente — havia sido avisado de que ia morrer.

De muitas maneiras, encaro o câncer como o resultado natural dos meus propósitos desencontrados e da minha falta de entendimento da vida. Em decorrência disso, surgiram problemas que, por sua vez, produziram uma dose constante de tensão e ansiedade. O meu novo ponto de vista como aluno da vida levou a novas idéias sobre o meu objetivo, provocando muitas mudanças nas minhas crenças.

Houve um tempo em que achei assustador examinar idéias que estivessem fora dos limites do que me era familiar. Agora sei que tive medo de perceber que algumas das minhas crenças eram erradas. Isso teria sido assustador diante das minhas concepções na época, como por exemplo, a necessidade de ter razão em tudo. Mas, como aluno da vida, podia confortavelmente examinar idéias, materiais e dimensões que nunca tinha levado em consideração antes. Ao adquirir mais prática como aluno, vi o quanto era inspirador, alegre e valioso esse tipo de exame mental e espiritual.

Enquanto fui progredindo na minha função de aluno, muitos dos meus erros anteriores pareciam ter sido corrigidos quase que com facilidade. Parecia mais um "desaprendizado" do que um aprendizado. Enquanto retirava as camadas de confusão que me cercavam, a nova perspectiva de viver em harmonia com Deus e sua criação ficou mais clara. À medida que o meu nível de compreensão melhorava, a vida tornou-se mais extraordinária e mais bonita. Em certo momento, comecei a sentir amor por Deus, pela vida e pelos meus semelhantes. Embora ainda recaía vez por outra nos antigos padrões, o amor me libertou do meu tradicional ponto de vista físico e me deu uma nova perspectiva, a partir da qual obtive alegria e esperança. Minha força de viver pareceu aumentar em proporção direta.

Decidi que, se vou ou não viver por muitos anos, certamente viverei de maneira mais agradável do que vivi no passado. Minha vontade de viver fortaleceu-se dia a dia. Vivi muito mais do que o esperado e sinto-me melhor agora do que jamais me senti em muitos anos.

Enquanto o meu interesse pelos outros pacientes ia crescendo, decidi que os demais podiam aprender a partir da minha experiência. Não me via como responsável por eles. Mas, encarei minha doença como uma oportunidade de aprender, ao mesmo tempo que servia de exemplo. Como já disse antes, isso podia parecer desprezível, mas para mim foi muito importante. Sem me dar conta, abracei uma missão que ultrapassou os meus interesses egoístas. Em algumas ocasiões, quando me sentia abatido, tinha de onde extrair energia — um objetivo que estava além de mim, uma razão para continuar. E isto foi essencial para mim em várias ocasiões. O caminho havia sido difícil e doloroso demais para abandoná-lo. Recusava desistir mesmo que o panorama fosse desolador. De alguma forma, sabia que ia viver e usar o que aprendera para ajudar os outros. Como conseqüência dessas experiências, acredito que um objetivo saudável de vida está inexoravelmente ligado à vontade de viver.

DÉCIMA PRIMEIRA
A relação corpo-mente

Caro amigo

Na cultura ocidental, os médicos aprendem a associar nomes de doenças com grupos específicos de características físicas. Essa idéia os ajuda a identificar uma enfermidade para estabelecer o tratamento adequado, baseando-se na experiência com outros casos semelhantes. Essa idéia fazia sentido para mim. Quando enfrentava um problema no trabalho, também o identificava e definia, para depois procurar o que o havia provocado para que soluções eficientes pudessem ser encontradas e implantadas.

A comunidade médica foi muito honesta ao dizer que não tinham solução para o meu problema. Eu era portador de um grupo de características físicas denominadas câncer. Mais especificamente, leucemia das células reticulares. Naquele tempo, não havia tratamento eficaz para esse tipo de doença. Portanto, a doença era considerada maligna, pelo menos segundo os médicos.

Os meus médicos prestaram pouca atenção ao meu estado mental e nenhum se preocupou com o meu lado espiritual. Sei que na nossa cultura, esse não é o papel dos médicos, mas acho que desse modo estão ignorando uma grande parte da reação humana quando analisaram a minha doença. Penso que é uma grande deficiência do sistema de saúde.

Como a medicina tradicional não oferecia chance de cura, pareceu-me óbvio que eu teria de ir adiante para examinar minha enfermidade, descobrir a sua fonte, e fazer algo a respeito. Claro que eu tinha medo de que meus esforços não dessem resultado, mas queria sobreviver, e a única opção que eu tinha era tentar. Senão, o triste prognóstico dos meus médicos tornar-se-ia real.

Naquele tempo, achei muito produtivo pensar nos meus processos internos como uma rede de sistemas físicos, mentais e espirituais interligados, cada um deles com funções e características distintas. Dessa forma, fui capaz de isolar cada parte para poder observá-la e estudá-la. Aos poucos, surgiu uma imagem global.

Uma das coisas que descobri a meu respeito foi que sempre que me sentia tenso, havia um conflito interno acontecendo. Nesse momento, era uma diferença entre o que estava ocorrendo e o que eu achava que deveria estar acontecendo. Eu passava muito tempo lutando para sair de onde eu estava, a fim de chegar ao ponto onde queria estar. Percebi que isso era estressante e portanto ruim para a minha saúde. Aos poucos descobri que era mais aconselhável colocar o meu "chapéu de aluno" e observar o que podia aprender com cada experiência.

Vou dar um exemplo. Tive dores nas costas durante muitos anos e noto rapidamente quaisquer mudanças naquela área do meu corpo. Há algum tempo, estava passando férias numa estação de inverno no Colorado. Não sei bem como, enquanto eu esquiava me perdi e fui parar numa pista íngreme e difícil. Assim que pensei na possibilidade de cair e me machucar, notei a tensão nos músculos das costas e logo em seguida, dor. Finalmente, consegui descer e chegar ao elevador no início da pista. Notei que a tensão e a dor haviam desaparecido. Isto me mostrou que há algum tipo de correlação entre os pensamentos de medo e a tensão neuromuscular.

Meu corpo sofrera um estado de desequilíbrio químico, resultante dos meus processos mentais. Esta adaptação do meu organismo parecia normal, levando-se em consideração as circunstâncias percebidas pela minha mente. Mas, eu poderia ter mudado aqueles processos mentais. Se eu estivesse usando o meu chapéu de aluno, poderia ter escolhido desfrutar de uma complicada experiência de esqui, tendo fé na vida, em Deus e em mim mesmo. Era uma ótima oportunidade de descer a pista sem me machucar, mas na época não pensava assim. Se tivesse agido dessa forma, teria esquiado sem tensão nem ansiedade e com muito mais prazer.

Vou dar outro exemplo, que pode ser mais conhecido dos pacientes cancerosos.

Já que não havia tratamento eficaz para o meu estado em 1979, os médicos pediram que fizesse uma série de experiências. Uma droga que eles queriam que eu tomasse matava as perigosas células cancerosas, mas também as células saudáveis. Era muito arriscado. Os médicos achavam que a droga poderia me ajudar, mas também admitiam que poderia ser muito nociva. Não conseguia encarar esse remédio como "aliado". Achava que era um veneno e ficava muito nervoso sempre que tomava os comprimidos. Minha saúde continuava a piorar.

Sabia que a minha atitude não ajudava em nada e comecei a modificá-la através de auto-hipnose, orações e outros procedimentos. Com o tempo, as perspectivas foram mudando de maneira significativa. Finalmente, consegui voltar minha atenção para os aspectos positivos da droga e passei a tomá-la com relativa tranqüilidade. Meu ponto de vista passou do medo e mau pressentimento para algo que ficava entre uma atitude neutra e expectativa esperançosa. Sabem o que aconteceu? O meu estado físico começou a melhorar. Fiquei surpreso ao perceber que uma pequena mudança de atitude parecia produzir resultados impressionantes.

Eis outro exemplo. Enquanto a minha contagem sangüínea diminuía, achava cada vez mais penoso subir a escada para o meu quarto. Inconscientemente, passei a usar a escada como um indicador da minha saúde. Se achava difícil subir, pensava que estava ficando pior. Então, comecei a ter medo de subir a escada por não querer receber a "má notícia".

Aí coloquei o meu chapéu de aluno. Pondo em prática o que aprendera sobre o funcionamento da mente, comecei a discordar desses pensamentos negativos. Eu não tinha um termômetro para medir a real dificuldade de subir a escada e talvez minha mente estivesse interpretando mal as minhas funções orgânicas, a partir de alguma crença subconsciente errônea. Quando fui ficando mais consciente do fato de que poderia estar debilitando deliberadamente as minhas forças com pensamentos negativos, esses pensamentos perderam muito do seu vigor. E logo passei a subir aos degraus com menos esforço e menos depressão.

Depois, algumas das pequenas mudanças que fiz na minha maneira de pensar parece que me permitiram ficar receptivo a idéias e ajuda espirituais mais intensas. Os aspectos espirituais e mentais pareciam estar se fortalecendo e acho que ambos ajudararam a melhorar o meu bem-estar físico de uma forma que até certo ponto escapava à minha compreensão.

Quero dizer que há uma diferença entre os pensamentos mentais e as informações espirituais. Estava consciente dos pensamentos produzidos pela minha mente, pois lidara com eles a vida toda. Mas, as informações espirituais eram diferentes. Agora acredito que são profundamente diferentes na origem e conteúdo.

Para me ajudar a distinguir entre os processos mentais e espirituais, parti do pressuposto de que todos os pensamentos negativos sobre a minha saúde vinham da minha mente — de estruturas de crenças subconscientes errôneas. Esses pensamentos geralmente era acompanhados de um sentimento de medo. Enquanto questionava esses pensamentos negativos a partir do meu ponto de vista de aluno da vida, pude observar que o seu impacto ia diminuindo.

Eu acreditava que ao atenuar o impacto dos pensamentos negativos da¡mente, estaria de alguma maneira aumentando as possibilidades de que Deus fizesse as mudanças de que eu precisava no momento oportuno. Em outras palavras, se eu removesse o obstáculo dos pensamentos negativos, o amor de Deus poderia se manifestar através de mudanças saudáveis. Essa linha de pensamento me confortava.

Descobri que se observasse de maneira consistente o que estava fazendo, teria o poder de escolher o ponto de vista que preferia usar naquele momento. Senti uma forte correlação entre a minha perspectiva mental e o meu estado físico. Agora, refiro-me a essa interação como "adaptação" e vejo-a como um processo normal. Parece que os nossos aspectos espirituais e mentais estão constantemente cambiando, e que as manifestações dessas mudanças são visíveis em nosso organismo. Alguns pensamentos, como o medo, por exemplo, produzem mudanças imediatas, enquanto outras mudanças se manifestam a mais longo prazo. Acho que é um conceito muito animador porque, em uma escala mais ampla, significaria que se uma estrutura mental negativa contribui para a doença, talvez uma estrutura positiva possa contribuir para a saúde.

Comentários sobre a décima e décima primeira cartas

Como aconteceu com Reid, a ameaça da morte com freqüência faz com que as pessoas passem a prestar atenção na sua vida. Daí resultam mudanças e a partir delas as crenças básicas também mudam provocando um profundo efeito na vida delas. Geralmente, vejo pacientes que ao se curarem passam a ter prioridades diferentes das que tinham antes.

Vamos examinar algumas crenças básicas saudáveis que podem fazer uma grande diferença na sua vida:

• Os seres humanos são bons por natureza. Eu sou bom por natureza.
• A natureza do universo é boa, amorosa e ordeira.
• A força criativa do universo é amorosa e onisciente, conhece cada um de nós melhor do que nós nos conhecemos, cuida de nós e nos ama mais do que nós nos amamos.
• A vida é um mestre afetuoso e estamos aqui para aprender quem somos nós.
• A doença é uma experiência negativa que nos traz de volta à nossa natureza intrínseca.
• Saúde, alegria, felicidade, satisfação e amor são dados importantes que nos fazem saber se estamos indo em direção àquilo que somos e estamos ligados ao nosso real propósito.
• A morte é o final da existência, assim como o nascimento é o início. A nossa essência (ou consciência, ou alma) continua após a morte e essa existência posterior é aprazível.
• O desenvolvimento específico de cada ser humano está dentro de si. Somos dirigidos pelo desejo, paixão, prazer, amor, alegria e satisfação, e somos guiados pelas forças que nos criaram.

Nossa idéia da vida influencia nossa força de viver. Se uma pessoa tem pensamentos horríveis sobre a vida, por que iria querer viver, a não ser para evitar a morte que a amedronta? Mas, se a pessoa ama a vida e acha que é boa e valiosa, é claro que vai querer viver. Se você pensa sobre a morte de forma saudável, terá menos medo de morrer e a sua energia estará disponível para viver a vida aqui e agora.

Não devemos esquecer que, antes do diagnóstico de câncer, a qualidade de vida de Reid tinha se tornado muito ruim e ele achava que não tinha como escapar de todos os seus problemas. Mas, ao encarar os problemas da sua vida, ele encontrou a solução para a doença. Ele voltou a achar a vida boa de novo e recuperou a saúde.

Ao se auto-examinar, observando seus pensamentos e sentimentos, é importante usar a sua nova percepção e compreensão da vida de forma a aumentar a sua força de viver:

• Reveja os seus objetivos de "Lazer" no seu plano bienal. Nesta semana, concentre-se em atingir esses objetivos e tente ir além do que estabeleceu. Viva a vida com prazer e observe, do ponto de vista de aluno da vida, como o prazer influencia a sua vontade de viver.

• No seu diário, escreva sobre um problema que conseguiu superar e o que aprendeu com isso. Como pode traduzir o que aprendeu para a sua experiência de cura?

A cura é um processo criativo. Seja sensível às suas necessidades e conheça as suas forças. Improvise e use o seu conhecimento e a sua experiência diante de cada nova situação. Se os seus problemas parece estarem além das suas forças, peça ajuda. Isto deve ser repetido sem cessar. A ajuda está ao seu alcance, quaisquer que sejam os problemas que tenha com a sua doença ou com a sua vida. Peça ajuda física, mental e espiritual — não apenas de profissionais — sempre que precisar. Peça ajuda ao seu grupo de apoio. Confie no seu acompanhante. Esteja receptivo a todos os recursos que o levarão em direção à saúde. Ao se tornar mais confiante a respeito da sua capacidade de obter ajuda tanto dos seus processos internos quanto dos recursos externos, você irá sentir-se menos sobrecarregado e sentirá um desejo maior de fazer parte da vida e participar das suas atividades.

Vamos falar da relação corpo-mente e examinar este conceito. É difícil querer viver se você não acredita que pode viver. A fé que pode viver é fortalecida pela crença de que pode influenciar o seu corpo, confiando na capacidade do seu organismo de se curar.

Se eu pego uma gripe, não é porque algum vírus entrou no meu corpo, me atacou e derrotou o meu sistema imunológico. O problema é que eu fiz algo que enfraqueceu o meu sistema imunológico que, em outras ocasiões, teria combatido o vírus, sem que eu pegasse sequer um resfriado. Quando examino o que aconteceu um pouco antes de ficar gripado, observo que estava sob uma carga excessiva de tensão ou estava sentindo emoções negativas que eram ou muito ruins ou que duravam um longo período.

Ao invés de tentar controlar o câncer, quero que tente influenciar os seus sintomas, assim como eu procuro saber a causa do meu resfriado. Sempre que um sintoma aparece, reveja os dias anteriores. Observe que emoções negativas estava sentindo e anote no seu diário. Após ter feito isso algumas vezes, veja se consegue identificar o padrão. Por exemplo, sempre que tem um tratamento marcado, tem sintomas que o impedem de seguir o tratamento? Se for o caso, examine as suas crenças e emoções sobre o tratamento. Modifique as suas crenças, tornando-as mais saudáveis e discuta as suas reações com o médico ou terapeuta. Assim, estará começando a descobrir a fonte dos seus sintomas.

Lembre-se de que o corpo é um organismo maravilhoso que se cura sozinho, em circunstâncias normais. Para caminhar em direção à saúde, examine o que está fazendo para interferir no processo de cura e interrompa esse processo. Isso pode ser feito, passando para um estado emocional neutro. Continue tentando atingir esse estado emocional através da prática regular da meditação.

DÉCIMA SEGUNDA
Curar relacionamentos importantes

Caro amigo,

Quero esclarecer que tenho muito respeito pelo meu pai. Ele faleceu em 1983, aos 86 anos. Mas, durante os meus primeiros quarenta e dois anos de vida, meu relacionamento com meu pai foi, no mínimo, a causa de muitos aborrecimentos.

Se meu pai alguma vez disse que me amava, acho que sequer prestei atenção. Até onde sei, ele nunca me abraçou e nunca, ou quase nunca, ouvi elogios ou incentivos. Sentia-me pouco amado e indesejado. Já o meu relacionamento com minha mãe era diferente. Ela era uma pessoa amorosa e incentivadora. Não falo para dizer que um era melhor do que o outro, apenas para indicar as diferenças que eu percebia.

Embora o meu relacionamento com meu pai me perturbasse bastante, sobretudo quando eu era jovem, eu achava que não podia discutir com ele a respeito. Na verdade, ficava sem graça de falar com ele sobre muitas coisas. Em algum momento, decidi aceitar a situação e seguir com a minha vida.

Em 1979, quando surgiu o câncer na minha vida, tinha desenvolvido um jeito de ignorar esse relacionamento perturbador. Já vivia fora de casa há 20 anos e a sensação desagradável surgia apenas quando eu os visitava, o que não era freqüente. Acho que o pouco contato e os anos de prática ignorando o problema diminuíram a sua importância aos meus olhos.

De todo jeito, o psicólogo com quem eu fazia a terapia deu-se conta de que eu tinha um problema antigo bastante sério que eu já não me dava conta que existia. Ele logo chamou atenção sobre o meu relacionamento com meu pai. E ainda assim achei que não era preocupante.

Como muitos dos meus pensamentos e sensações haviam sido ignorados por tanto tempo, tive de me esforçar para lembrar os detalhes do nosso relacionamento. Depois de muito penar, dei-me conta de que meu pai me amava de verdade, mas demonstrava o seu amor ao prover as minhas necessidades materiais. Eu recebia casa, comida e roupa e era assim que ele mostrava que se importava comigo. Por alguma razão, só consegui perceber isso depois da minha doença. Acho que parte do problema vinha do fato de que os pais dos meus amigos pareciam comportar-se de forma diferente. Acho que as expectativas que tinha em relação ao meu pai não correspondiam à sua maneira de expressar amor.

Agora entendo que também compreendi mal o meu Pai Celestial. Ele também provia as minhas necessidades. Mas, infelizmente, durante muitos anos, desejei que Deus provesse as minhas necessidades à minha maneira. E como isso não acontecia, achava que tanto Deus como o resto do mundo estavam contra mim. Não conseguia enxergar que Deus estava provendo as minhas necessidades de maneira carinhosa e o compreendi mal, assim como tinha compreendido mal o meu pai terrestre. Na verdade, o problema estava na minha forma de reagir e não na maneira como eles me ajudavam.

A coisa que mais me surpreende enquanto escrevo, é o profundo efeito que uma pequena mudança na minha percepção teve sobre minha vida. Ao examinar um antigo problema de um novo ponto de vista, descobri que a minha percepção do presente também mudou. Mais uma vez, fiquei imensamente aliviado do peso de culpa e recriminação que sentira durante tantos anos. Isto eliminou a dor e fez com que eu desfrutasse a vida de uma forma que jamais havia feito antes.

Como já mencionei, eu estava fazendo um exercício mental para me ajudar a resolver o relacionamento com meu pai um pouco antes da minha cura milagrosa em 1981. Talvez seria interessante que você relesse os detalhes na carta, sobre o milagre, mas por enquanto quero enfatizar que descobri que precisava rever pontos que eu considerava de pouca valia. Tinha me desviado de alguns problemas importantes durante tanto tempo que minha mente desenvolvera hábitos para ignorá-los ou minimizá-los. Contudo, verifiquei que os problemas não tinham desaparecido e que ainda distorciam a minha percepção da vida. Minha mania de não querer enxergar esses problemas talvez tivesse sido boa durante algum tempo, mas com o passar dos anos tornou-se destrutiva.

Acho também que a decisão de ir a um psicólogo me ajudou muito. Muitos psicólogos têm experiência em ajudar as pessoas a lidar e a curarem velhas cicatrizes emocionais — um processo que mostrou ser muito importante para mim. Apesar das minhas dúvidas iniciais, quis usar todos os recursos disponíveis, e a única maneira pela qual eu poderia determinar se um recurso era útil ou não, seria experimentando-o. O trabalho que realizei com o psicólogo foi muito valioso de várias maneiras, incluindo o trabalho de reatar o relacionamento com o meu pai — o da terra e o do céu.

Comentários sobre a décima segunda carta

Um relacionamento conturbado com um ou ambos os pais é uma experiência comumente encontrada em pacientes cancerosos. Portanto, acho que o leitor deve examinar o seu relacionamento com cuidado. Os ressentimentos devem ser avaliados e resolvidos. Você pode fazer isso, como fez Reid, mesmo que seus pais tenham morrido. Você pode fazer isso, mesmo que não tenha contato com eles. Você deve concentrar-se em mudar as *suas* crenças e os sentimentos que elas provocam.

Às vezes, acho que o paciente não quer perdoar seus pais porque acha que foi maltratado. Ele crê que perdoar aos pais significa aceitar a crueldade e injustiça por que passou. Mas, é possível reconhecer que se foi maltratado e ainda assim perdoar. Lembre-se que não está fazendo isso por seus pais. Está fazendo isto por você. Através do perdão, você estará liberando a dor e a raiva que o mantêm amarrado ao passado.

Uma boa maneira de mudar as suas crenças sobre os pais é entender que todas as pessoas fazem o melhor que podem a partir da compreensão e sentimentos que têm no momento. Podemos pensar nisso para perdoar nossos pais e outras pessoas e, o que é mais importante, perdoar a nós mesmos. Quando os nossos pacientes reconhecem que os seus pais fizeram o melhor que podiam, em geral descobrem que o relacionamento melhora. Às vezes, nada é dito — não há a famosa "grande" reconciliação — mas a atitude muda e isso provoca uma grande mudança.

É possível perdoar mesmo quando o relacionamento continua a ser difícil. Uma das nossas pacientes com câncer de mama em estado avançado tinha uma péssima relação com a mãe, uma pessoa negativista e crítica. Depois do diagnóstico, a mãe vivia telefonando, ansiosa e triste, pois achava que a filha ia morrer. No momento em que a filha reconheceu que sua mãe estava fazendo o melhor que podia, a partir das crenças e experiências que possuía, ela pôde reconhecer que tinha o direito de recusar as mensagens que vinham dela. Ela disse à mãe que telefonaria quando quisesse conversar, mas que não ia atender aos telefonemas enquanto estivesse no trabalho de cura. Agora, passados seis anos, ela se curou e conseguiu restabelecer o relacionamento com sua mãe — em bases muito diferentes.

O fato de perdoar pode ajudá-lo a se curar; portanto, insisto que faça esse trabalho. Mas, sei que descobrirá que o perdão exerce grande impacto também em outras áreas da sua vida.

DÉCIMA TERCEIRA
Como lidar com a família e os amigos

Caro amigo,

Pude perceber que uma doença maligna tem grande impacto sobre a vida de muitas pessoas. E também pode ser uma oportunidade para todos. A maioria das pessoas pára e pensa por que isto aconteceu e como reagiriam se fosse com elas. Decidi que a minha atitude seria fonte de inspiração e orientação para os outros, mesmo que tivesse de lutar muito. No final, vi que me ofertara um bom presente sob a forma de um objetivo que ultrapassava os limites do meu ser. Fui capaz de ir buscar nesse propósito forças para fazer coisas que não teria sido capaz de fazer se estivesse apenas pensando em mim mesmo. Ao olhar para trás vejo que tomei a decisão correta.

Teria sido fácil desistir em várias ocasiões. Mas, quando pensava na dor e nas dificuldades que já havia vencido e também sobre as incríveis experiências que tinha tido, me recusava a desistir. Esperava que algum dia e de alguma maneira, essa minha jornada pudesse ajudar outras pessoas.

Enquanto a minha doença seguia o seu curso, logo vi que as outras pessoas não entendiam o meu ponto de vista sobre a vida. Elas não estavam enfrentando a morte, como eu. Era praticamente impossível que pudessem imaginar algo que ainda não conheciam e que não queriam enfrentar. Depois vi que muita gente se preocupava comigo, sem saber como ajudar. Tinham boas intenções, mas careciam de experiência e capacidade. Por outro lado, as suas emoções eram tão fortes que eu acabaria por ter de ajudar as pessoas que queriam me ajudar. Não estou criticando essas pessoas, mas a maioria estava precisando mais de receber do que oferecer ajuda, pois nunca haviam estado em contato com uma doença maligna antes. Cheguei à conclusão de que os meus amigos e familiares poderiam me dar amor, amizade e compreensão. Mas, alguns colaboraram de outra maneira.

Tive muita sorte, porque minha família e meus amigos nunca insistiram em que eu seguisse os seus conselhos. Não me dei conta do quanto isso era importante até conhecer outros pacientes com doenças malignas que não tinham tanto sorte.

Não pretendo conhecer nada sobre psicologia familiar, mas parece que sempre existe uma pessoa que domina a família. Às vezes é o marido, às vezes a mulher, outras vezes até o filho. Se a pessoa doente não for a que domina, há uma tendência a dizer a ela o que fazer. Isto pode se tornar um grande obstáculo à cura. Primeiro, porque a pessoa dominadora está com medo. Talvez se sinta responsável pela pessoa doente e acha que deve resolver um problema que nem sempre crê que tenha solução. Ao ver o fracasso e a morte se aproximando, a pessoa dominadora fica ainda mais dominadora, para tentar impedir o progresso da doença.

A partir do que aprendi conversando com outros pacientes cancerosos, esta posição é bastante comum. A situação fica mais fácil se os pacientes aceitarem o fato de que são os únicos responsáveis por encontrar uma solução para seus problemas de saúde, independentemente de quem toma as decisões na família. Também acho que pode ser útil que o paciente esclareça que mesmo que outras pessoas possam ajudar na sua recuperação, é ela, a pessoa doente, que toma as decisões por ser ela a única que sabe realmente o que está acontecendo espiritual, mental e fisicamente. O paciente talvez queira que as outras pessoas saibam que dá valor à ajuda e incentivo, mas que o conselho é mais bem recebido sob a forma de sugestões ou idéias. Foi assim que eu fiz. Talvez você tenha outra maneira de lidar com a sua família. Meu objetivo é ajudar a todas as pessoas interessadas a entender como tornar-se realmente úteis.

DÉCIMA QUARTA
O apoio da família

Caro amigo,

Uma das coisas que achei úteis na minha experiência com o câncer foi o sistema de apoio familiar, com cada pessoa tendo uma função que me ajudaria a atingir o meu objetivo — recuperar a saúde. Minha experiência indica que há uma imensa variedade de funções, cada uma dependendo da personalidade da pessoa e das circunstâncias. Não se deve esquecer que cada criatura traz consigo suas crença, suas opiniões, suas divergências ao assumir a função. Este processo não precisa ser formal. Não há necessidade de descrever cada uma das funções. Mas, uma boa conversa é sempre aconselhável.

Às vezes, a doença maligna vai precipitar os problemas de cada pessoa da família. Algumas acham esse período tão difícil que nem conseguem ajudar durante certo tempo. Elas precisam de tempo para aprender, e precisarão da compreensão e solidariedade dos outros familiares. Outras pessoas acham difícil exercer uma função específica. É o que acontece em geral com a pessoa dominadora, que quer controlar a situação, sem conseguir, porque a situação escapa totalmente ao seu controle.

É importante que todos os familiares saibam que seus esforços são mais úteis quando apóiam as escolhas feitas pelo doente. Talvez você queira pedir a alguém para ser o ponto de apoio principal, para que ela tome decisões por você se chegar a um ponto em que não possa mais tomá-las ou não queira mais tomá-las. Saiba que é uma grande responsabilidade e pode criar sentimentos de culpa se o resultado das decisões tomadas por essa pessoa não for o esperado por ela e pelos outros familiares. Essas pessoas que são o ponto de apoio principal têm de estar preparadas para tais situações, sabendo que só poderão fazer o que for razoável nas circunstâncias e deixando o resto nas mãos de Deus.

Se a pessoa doente for casada, em geral o ponto de apoio principal fica sendo o cônjuge. Se ela for solteira, deverá escolher uma pessoa para ser o seu ponto de apoio. Esta pessoa vai passar mais tempo com o paciente e estar mais ligada a ele do que qualquer outra pessoa da família.

É importante que essa pessoa saiba que não pode curar o doente, por mais que se esforce. Sei, por experiência própria, que é imperativo que o direito de escolha seja do paciente até o momento em que ele não possa mais exercê-lo. Sei que é muito difícil o doente abandonar a vontade de viver. Sob tais condições, acho que os familiares podem oferecer informações, indicações e incentivo. Mas, ninguém sabe o quanto o paciente já sofreu ou está disposto a sofrer no futuro.

Já vi a morte de perto várias vezes. E, sem dúvida alguma, nunca quis que alguém tomasse decisões importantes por mim, enquanto pudesse fazê-lo. Sei que se ficasse incapacitado de tomar decisões, gostaria que as pessoas a quem pedi para assumir essa posição as tomassem por mim, mas só quando eu pedisse.

Pelo que sei, a vida é um estado terminal, do ponto de vista físico. As pessoas geralmente acham difícil aceitar esse fato. Mas, essa é a realidade do nosso mundo e todos os familiares terão de enfrentar essa verdade mais cedo ou mais tarde.

Acho que é muito útil para o doente quando os familiares e amigos encaram a doença como uma oportunidade para aprender mais sobre a vida e para fortalecer os laços familiares. Creio que um ponto primordial é dar-se conta de que os familiares podem trabalhar em conjunto, se assim o desejarem. Aliás, conheço famílias que acham estimulante o fato de não precisarem enfrentar os desafios da vida sozinhos. O que a família está fazendo por um dos seus membros poderá ser feito por todos aqueles que um dia precisarem. E assim, todos podem sentir-se mais animados e fortes.

DÉCIMA QUINTA
O acompanhante principal

Caro amigo,

Logo no início da minha doença, não pedi ajuda à minha família e me tornei um fardo pesado para Jana, minha esposa. Felizmente, ela demonstrou ser um ponto de apoio muito forte. Uma pessoa menos forte talvez tivesse vacilado diante da pressão. Por isso, sugiro que faça bom proveito de outros recursos para diminuir pressões desnecessárias sobre uma única pessoa.
Inúmeras ocasiões fui obrigado a delegar muitas coisas a Jana, por estar doente demais. Outras vezes, queria concentrar minha energia para ficar bom, pois ela seria mais dispensável. De certa forma, acho que a posição do acompanhante (ou ponto de apoio) principal é mais difícil do que a do doente. Tive de enfrentar o medo da morte, a dor do tratamento, as náuseas que o acompanhavam e muito mais. Em certos momentos, achava que a única outra opção que tinha era desistir e morrer. Jana, por sua vez, estava bem de saúde, mas teve de passar muitos dias em hospitais cheios de gente muito doente. Ela se via diante de escolhas difíceis, inclusive as que eram diretamente ligadas à minha sobrevivência. Também teve de enfrentar o medo, a ansiedade, a incerteza, a culpa e outros sentimentos. Era uma posição aflitiva, da qual ela se saiu extremamente bem.
Minha mulher tem uma tendência muito forte a colocar minhas necessidades antes das dela. Ela achava que deveria fazer esse sacrifício para me ajudar a atravessar um período difícil. Parece lógico, mas o caso é que ninguém sabe quanto tempo vai durar o período crítico. Quando eu estava no hospital em Dallas, percebi que suas forças físicas e mentais estavam se esvaindo. Insistia para que ela voltasse para Chattanooga para "recarregar a bateria" durante uma ou duas semanas. A nossa casa, nossos amigos, o ambiente conhecido, os seus bichos

de estimação operavam maravilhas em seu estado de espírito. Ela sempre voltava com mais disposição e isso melhorava o nosso relacionamento.

Isto me lembra o que eu costumava dizer aos funcionários da fábrica que tinham tendência a trabalhar em excesso. Eles achavam que tinham de trabalhar muito para fazer bem o trabalho e poder sustentar a família. Eu lhes dizia que se não cuidassem de si mesmos em primeiro lugar, não conseguiriam trabalhar direito nem sustentar a família. Alguns achavam que era egoísmo cuidar primeiro das suas necessidades. Mas, quando a pessoa não cuida das suas necessidades, após certo tempo não mais será capaz de prestar nenhuma ajuda. E descobri que quando há alguém doente na família as necessidades do cônjuge aumentam, ao invés de diminuírem.

Mesmo quando lembrava isso a Jana, às vezes tinha de insistir para que ela cuidasse de si. Seus esforços chegavam a se tornar contraproducentes quando não levava em consideração as suas necessidades durante certo tempo. A sua dedicação ao meu bem-estar era tão forte que algumas vezes foi ruim para nós dois.

Outras pessoas do grupo familiar também podem ter necessidades. Uma doença maligna lembra de maneira desagradável a todos que a vida termina um dia. E as pessoas que ainda não lidaram com a sua mortalidade acham essa situação difícil. (E isto parece se aplicar à maioria das pessoas da nossa cultura.) Outras pessoas vêem suas emoções ficarem totalmente descontroladas e passam a se comportar de uma forma que pode destruir os esforços feitos pelo grupo de apoio familiar. E aqui também é necessário que recebam ajuda para que possam contribuir de maneira positiva ao bem-estar dos outros.

Acho que é preciso estar alerta a tais situações. Uma pessoa saudável pode ser de grande valia, mas uma pessoa em situação deficiente pode aumentar o fardo já considerável causado pela doença. E o doente não precisa de nada que desvie sua atenção e esvazie suas energias. Resumindo, dê aos seus acompanhantes permissão para que obedeçam às suas próprias necessidades e, se não for suficiente, insista para que o façam, de forma a evitar que a sua energia se esgote.

É claro que havia ocasiões em que não queria lidar com o meu próprio sistema de apoio. Minha mulher assumia essa posição quando eu não podia ou não queria fazê-lo. Em certos casos, preferia pedir a ela que o fizesse, a fim de investir minha energia em atividades que tivessem mais a ver com minha saúde.

Jana ia conversar com as nutricionistas do hospital, para que eu comesse o que desejava. Mantinha as enfermeiras longe do meu quarto, quando eu estava fazendo a sesta. Ela filtrava os meus telefonemas quando não me sentia disposto a atender. Pedia explicações aos funcionários do hospital sobre o que eu não entendia com clareza. Ela também adaptava e estabelecia horários convenientes para as visitas. E servia de ponto de referência para informações ligadas à minha saúde, ao diagnóstico e ao tratamento. A lista é infinita, mas tenho certeza que já se pode perceber a importância e a dificuldade da posição ocupada pelo acompanhante principal.

A comunicação é certamente um dos elementos principais da função do acompanhante principal. Achava útil que Jana ficasse no quarto quando os médicos faziam a ronda. A minha ansiedade era tal que nem sempre conseguia entender o que eles diziam. Acho que, na ocasião — e, em outras ocasiões também — ela era uma ouvinte mais atenciosa do que eu. Depois, nós conversávamos muito sobre o que o médico havia dito e ela conseguia explicar o que eu não entendia. Jana ia pedir explicações extras às enfermeiras e a outras pessoas. E, além disso tudo, mantinha a família, os amigos e os colegas de trabalho informados sobre como eu estava indo. Não achava bom ficar falando sempre sobre o meu mal-estar e o diagnóstico sombrio dado pelos médicos. É claro que nem sempre as notícias eram ruins, mas quando era o caso, sabia que não era bom ficar falando a respeito.

Nem sempre foi fácil aceitar a ajuda da minha esposa. Eu me achava auto-suficiente e não estava acostumado a pedir ajuda a outras pessoas. Achava mesmo que pedir ajuda era um sinal de fraqueza e fracasso. No final, minha doença piorou tanto que não tive escolha. Simplesmente não podia prover as minhas necessidades sem a ajuda dos outros. E facilitei a vida de todo mundo quando comecei a pedir o que precisava, tanto a Jana quanto a todos os outros que me estenderam a mão.

Comentários sobre a décima terceira, décima quarta e décima quinta cartas

Um dos desafios mais difíceis da minha vida surgiu durante a luta do meu pai contra uma doença séria, quando eu passei a ver o meu trabalho do ponto de vista de parente e acompanhante. Gostaria de contar a minha experiência. Talvez seja interessante discutir esses comentários com membros do seu grupo de apoio e analisar a maneira como você se sente e pensa sobre esses assuntos.

Quando entrei na faculdade de medicina, meu pai ficou muito contente por eu ter escolhido essa profissão. Mas, quando comecei a falar sobre a influência da mente sobre o corpo, papai, que era pastor batista, ficou receoso, juntamente com o resto da minha família, de que eu estivesse enveredando por práticas pagãs e ocultismo e que o meu trabalho fosse o resultado dessas influências. Ele e minha família preferiam nem tocar no assunto.

Tendo completado a residência, fui mandado para a Base Aérea de Travis, na Califórnia, onde ia assumir a função de Chefe do Serviço de Radiação. Logo que cheguei, o oficial do portão de entrada passou-me um recado urgente da minha mãe. Meu pai estava muito doente. Tirei uma licença antes mesmo de começar a trabalhar e voltei imediatamente para casa.

Já passava da meia-noite quando cheguei a Hollis, em Oklahoma, uma pequena cidade de alguns milhares de habitantes. Cheguei ao quarto do meu pai no hospital no momento em que ele perdia a consciência. Não havia médico de plantão e tive que tomar as providências, passando rapidamente da posição de filho para a função de médico.

O diagnóstico foi encefalite, uma infecção cerebral. Tivemos que transferi-lo no dia seguinte de manhã para o hospital-escola da faculdade de medicina de Oklahoma, na cidade de Oklahoma. Fui com ele. A ambulância era na realidade uma camionete adaptada. Mesmo em coma, meu pai teve um acesso de violência e passou muito mal durante a viagem. Ficou tentando arrancar os tubos. Enquanto lutava para segurá-lo, ambos ficamos cobertos de vômito e excrementos. Orei para saber o que fazer e recebi uma resposta — cantar. Cantigas de ninar, hinos religiosos, qualquer coisa. Então fiquei sentado com a cabeça no peito do meu pai, cantando e chorando. Ficamos mais calmos.

Quando finalmente chegamos ao hospital, descobri que a CTI não estava funcionando. O médico particular do meu pai estava em uma conferência fora da cidade. Depois de muita discussão, consegui que uma enfermeira me ajudasse a encontrar um quarto para ele. Tentei falar com um médico para que me ajudasse, mas os poucos presentes não queriam se envolver com o paciente de um colega. Foi uma experiência desesperadora que me deixou zangado, confuso e fisicamente doente.

Mais tarde, no mesmo dia, disseram-nos que papai estava morrendo. Não pude aceitar o fato. Apesar de estarmos apenas no outono de 1971, eu já estava bastante enfronhado no meu trabalho. O neurologista nos afirmou que, se papai vivesse, ia ser um "vegetal". A febre dele durou muito tempo, chegando a mais de 40°C, e foi difícil abaixá-la.

Durante esse tempo, cansei-me de vê-lo lutar e comecei a desejar que morresse. Fiquei constrangido e envergonhado. Depois disso, passei a admirar as pessoas que passavam pela mesma luta, querendo que o ente querido morresse, que parasse de sofrer.

Tinham colocado um tubo na traquéia do meu pai e ele estava com um respirador artificial, e em coma havia 9 dias, quando um incidente importante aconteceu.

Nossa família se reunira no quarto de papai para assistir ao jogo de futebol americano entre o time do Texas e o de Oklahoma. Papai era torcedor do time de Oklahoma, o "Sooners" que venceu o time de Texas. No final do jogo, papai voltou a falar. Achamos que o Sooners foi o responsável por papai sair do estado de coma.

Ele se recuperou lentamente. Teve vários distúrbios neurológicos, que conseguiu superar, mas passou a sofrer de problemas cardíacos. Enquanto estava em tratamento coronário intensivo, um dos médicos da equipe comentou com ele que as pessoas podiam influenciar conscientemente os batimentos cardíacos. Papai, que estava sendo monitorizado, começou a experimentar pensar em várias coisas. Ele descobriu que podia transformar drasticamente os batimentos cardíacos, apenas modificando seus pensamentos. Ficou muito empolgado e chamou o médico de plantão, dizendo que seu filho lhe falara sobre isso também há algum tempo. E ficou chocado quando o médico nem quis ouvir falar no assunto.

Assim que papai saiu do hospital, me telefonou e contou-me o que acontecera. Depois, me perguntou se eu poderia ajudá-lo a entender como usar a sua mente para melhorar. Tomei o primeiro avião.

Juntos planejamos um curso de meditação e gravei uma fita para que ele recuperasse a saúde. Papai teve uma surpreendente reação positiva, conseguindo controlar totalmente a sua pressão arterial e abandonando o remédio contra a hipertensão.

Continuou saudável durante muitos anos, até que teve um ataque cardíaco. Mais uma vez, pediu-me que o ajudasse a ficar bom e eu concordei. Ele deixou rapidamente o hospital e recuperou a saúde de maneira notável. Naquele mesmo ano, ele participou de uma competição de Rodeio para Idosos, aos 68 anos de idade.

Ele e mamãe freqüentaram um dos nossos cursos e esta foi uma experiência fantástica, mesmo que muito difícil para mim. Eu o ajudei a controlar a pressão arterial, sua doença cardíaca e o ataque que sofrera. Ensinei-lhe os fundamentos da relação corpo-mente e ele ficou mais interessado no meu trabalho do que eu jamais poderia imaginar.

Depois que se aposentou, papai passou a trabalhar em um asilo de idosos onde ensinou meditação. Segundo ele, a meditação ajudava-o a entrar em um estado positivo para a oração e ele usava ambas simultaneamente. Ele também dizia que a meditação era mais poderosa do que qualquer remédio que jamais tomara.

Papai chegou a trabalhar com alguns pacientes com câncer terminal, no asilo de idosos, e que ficaram bem o suficiente para voltar para casa. Ele também me enviou vários pacientes. Sempre que eu ia visitá-lo ele reunia um grupo de pessoas na sala da sua casa.

A partir de todas essas experiências, eu sabia que papai acreditava firmemente no meu trabalho e tinha grande capacidade de se curar. E então ele recebeu o diagnóstico de que estava com câncer.

Antes do diagnóstico, meu sobrinho, neto de papai, cometera suicídio. Enquanto a família chorava a morte do rapaz, vi meu pai desistir de viver, em reação àquela morte. Ele se culpava não só por essa morte, mas por muitos outros acontecimentos que estavam totalmente fora do seu controle. Era triste, mas ele chegara a um ponto em que havia tanta angústia em sua vida, que ele decidira ir embora.

Mesmo quando me telefonou pedindo que eu voltasse para casa e o ajudasse a se curar, sua voz revelava que ele não queria ficar bom. Mesmo assim eu fui, é claro. Sabia que ele podia fazer o necessário, se o desejasse, mas logo ficou evidente que ele não queria se esforçar.

Tivemos uma reunião de família para decidir o que fazer. Achamos que o melhor era que ele ficasse bom, mas aceitávamos que ele morresse. Nós o ajudaríamos, qualquer que fosse a sua decisão. Todos aceitaram, menos mamãe. Ela disse que não suportaria sua morte. Eles tinham se casado quando ela tinha 16 anos e embora ele estivesse lutando, pelo menos estava vivo. Ela preferia que ele continuasse vivo, mesmo que sofrendo. Foi uma resposta muito honesta; portanto, aceitando o desejo da pessoa mais importante da vida do meu pai, tentamos mantê-lo vivo.

Mas, ele não cooperava. Uma das atividades do programa que havíamos planejado juntos, era que ele deveria se vestir uma vez por dia, quatro vezes por semana. Ele fizera isso antes, mas desta vez, três dias depois do início do programa, ele não se vestira nenhuma vez. A idéia era recompensá-lo por algo que já estivesse fazendo, mas não deu certo. Após outra reunião de família, decidimos falar com ele sobre isso e também sobre o fato de que ele estava sendo muito drástico com minha irmã mais velha, cuja tarefa era lhe perguntar o que fazia todos os dias. Foi uma conversa triste e emocionada. Acabamos falando sobre a necessidade de sermos carinhosos uns com os outros e sobre o fato de que todos tínhamos o mesmo objetivo.

Papai disse que ia tentar se esforçar, reunir suas forças e ficar bom. Mas, alguns dias depois, quando eu já tinha ido embora, disse a mamãe que não iria fazer nada, que estava desistindo, "jogando a toalha", como declarou. Ele jamais usara essa expressão antes, mesmo no tempo em que lutava boxe, quando jovem.

Tomei o primeiro avião e fui vê-lo. Estava diante da pessoa a quem eu mais amava, a quem eu mais conhecia e com quem tivera a maior experiência de trabalho e via que não conseguia fazer nada, a não ser amá-lo. Ele não conseguia dizer que queria morrer e acho que não queria. Ele só queria escapar do sofrimento da vida. Estava com 70 anos e achava que já tinha vivido o suficiente.

Disse a ele que o amava e trocamos palavras carinhosas um com o outro. Ele me contou que não queria viver muito mais tempo. Eu mostrei que entendia que ele não quisesse continuar naquela situação e que também aceitava o fato de ele desejar se encontrar com os entes queridos do outro lado da vida. Ele manifestou que esperava obter ajuda. Disse que queria assistência para morrer, assim como tinha conseguido ajuda para viver. Assegurei-lhe que era possível, que ele podia empregar as mesmas técnicas que tinha usado para ficar bom, e que elas o auxiliariam a deixar a vida. Ele ficou quieto, cheio de curiosidade e pediu-me que lhe explicasse.

Eu lhe pedi que meditasse sobre como abandonar a vida e ir ao encontro de Deus. Ele se recostou na cama. Vi que seu rosto ficou muito calmo. Nos despedimos e essa foi a última vez que vi meu pai. Ele morreu cinco dias depois, em paz.

Meu pai viveu enquanto quis viver e morreu quando se sentiu pronto para morrer. E isto para mim demonstra o sucesso do nosso trabalho, que consiste em ajudar os doentes a ficarem bons quando desejarem e ajudá-los a morrer quando quiserem. Consiste em amar e ajudar as pessoas quando elas estão confusas e não sabem se querem viver ou morrer. Este trabalho diz respeito a amar os seres humanos e a amar a si mesmo.

Meu pai foi o meu paciente preferido. Eu o amava mais do que jamais amei outra pessoa com que tive a chance de trabalhar. Eu o conhecia melhor do que jamais conheci alguém. Com ele aprendi como se sente um indivíduo que tem um parente com uma doença séria e tive oportunidade de amadurecer, aceitando a sua decisão de viver e depois a sua silenciosa decisão de morrer

A experiência com a doença traz à tona as forças e as fraquezas da família. Como meu pai era um sacerdote e tanto eu como meu cunhado éramos médicos, sabíamos falar francamente sobre assuntos complexos para outras pessoas. Podíamos conversar sobre questões espirituais. Sobre doença e tratamento e sobre viver e morrer.

É primordial que a sua família possa se comunicar abertamente num momento como esse. Talvez os familiares que têm dificuldade em participar do grupo de apoio queiram procurar ajuda, mas não devem ser forçados a fazê-lo. Cada pessoa da família tem de lidar com essa situação da sua própria maneira. Essas pessoas também precisam de compreensão e paciência. Saiba que cada um deles está fazendo o melhor que pode.

Acho que quanto mais receptiva for uma pessoa para a experiência da vida e da morte de outra, mais receptiva ela será à sua própria experiência de vida e menos amedrontada ficará com a sua própria morte.

Aprendi que quando julgo que uma pessoa tem de ficar boa, encontro-me num lugar prejudicial, e estou exercendo uma má influência. E isto porque estou quase lhe impondo a necessidade absoluta de um objetivo, enquanto deveria apenas indicar-lhe um direcionamento. Nesse caso, é como se eu tivesse aprisionado a pessoa. Ela sente que se não ficar boa terá fracassado, de acordo com o objetivo que estabeleci para ela.

É muito importante que o acompanhante não faça isso à pessoa com uma doença maligna. Podemos dizer: "Quero que fique melhor. Quero que continue a fazer parte da minha vida. Quero que seja uma pessoa saudável, feliz e satisfeita. Quero que envelheçamos juntos. Quero que possamos fazer aquilo que sempre quisemos". Mas não deve ficar preso ao resultado final.

Sobrecarregamos o doente quando nos concentramos no resultado final dos esforços dele em se curar. É preciso acrescentar, nem que seja em pensamento, outro complemento: "Posso aceitar a sua morte. Não é o que desejo, mas posso aceitar". Isto não precisa ser dito em voz alta — seria até inadequado fazê-lo. Trata-se mais de uma mensagem interna comunicada através da sua atitude. Assim a pessoa doente fica numa situação onde todos saem ganhando. Ela ganha se viver e não fracassa se morrer. Às vezes, é muito difícil aceitar isso, mas é importante que seja efetuado.

O último ponto que gostaria de ressaltar talvez seja o mais importante. Não podemos nos curar no lugar da pessoa doente. Podemos ajudar nos seus esforços para ficar boa. Mas, devemos deixar que a pessoa decida de que maneira quer ser auxiliada. Seja honesto para com o que pode ou não fazer para colaborar. Concentre-se basicamente na sua saúde e bem-estar, enquanto presta atenção nas necessidades da pessoa doente, de forma a preservar suas forças para poder empregá-las no decorrer da enfermidade.

Se estiver com alguém doente na família, marque uma reunião com os seus familiares, para discutir a função de cada um. Os familiares ou as pessoas do grupo de apoio podem ou não ficar à vontade para conversar sobre isso na frente do paciente. De qualquer jeito, o paciente deve saber que será feita uma reunião e deve ser consultado sobre a posição que gostaria que cada pessoa assumisse. Depois, informe o paciente sobre o resultado do encontro, para que ele possa adaptar as suas expectativas.

Outra estratégia prática para a quem toma parte num grupo de apoio é marcar uma sessão com um terapeuta para conversar sobre os seus sentimentos e experiência. Pode ser o mesmo terapeuta do paciente ou outro qualquer, mas esse encontro deve ter por objetivo o seu bem-estar e não o do paciente. Nem sempre os doentes são tão compreensivos quanto Reid. Talvez o paciente não consiga respeitar as suas necessidades porque se sente muito sobrecarregado em virtude de sua atual condição. Compete a você fazer com que ele tome conhecimento das suas necessidades, e que uma delas é justamente deixar de lado por um momento a posição de acompanhante para cuidar de si. Diga isso com cuidado e atenção conscientes, se possível quando ambos estiverem calmos, ao invés de deixar para falar num momento de crise. Mas, não deixe de revelar o que pretende fazer.

DÉCIMA SEXTA
A função do médico

Caro amigo,

Tenho várias restrições sobre o que está acontecendo com o serviço de saúde dos Estados Unidos. Mas, foi o que usei quando fiquei doente. Decidi que estaria capacitado a escolher melhor se estivesse mais bem informado. Eis o que aprendi sobre os médicos e a sua função dentro do sistema.

Para início de conversa, muitos médicos investem 14 anos de suas vidas para adquirir o treinamento necessário para exercer a medicina no meu país. Em geral, o médico começa a clinicar com cerca de vinte e nove anos. Com freqüência, esse médico contraiu grandes dívidas na época de faculdade — muitos apelam para o crédito educativo —, para ir à cidade onde vão trabalhar e instalar um consultório. Os seguros contra os erros médicos variam, podendo chegar a dezenas de milhares de dólares por ano, em certas especialidades. Acrescente-se a isto os custos de manutenção de um consultório (aluguel, salários para o pessoal de apoio e custos administrativos).

A maioria dos alunos de medicina recebem uma formação rigorosa em várias áreas. A metodologia usada é de natureza altamente quantitativa e científica, com grande destaque para a tecnologia. O avanço é tão acelerado que um médico perderá logo contato com os progressos tecnológicos da medicina, a menos que passe muito tempo estudando, o que muitos fazem. Atualmente, é muito fácil um médico tornar-se "obsoleto tecnologicamente falando", e isto gera mais tensão e estresse na vida de um indivíduo que já trabalha sob grande pressão.

Muitos médicos vão para a faculdade de medicina com a esperança ou expectativa de encontrar a cura para alguma doença grave. Alguns conseguem dar sua contribuição nesta área. Porém, muitos entram no dia-a-dia da profissão e se vêem presos a uma rotina enfadonha: trabalham muitas horas por dia e perdem tempo com problemas jurídicos e administrativos. O trabalho não é tão interessante quanto se poderia pensar — a maioria dos pacientes têm problemas comuns, que recebem tratamento de rotina. Na verdade, alguns médicos acham que cerca de 70 por cento dos pacientes que os consultam, ou não precisam ou não vão ser ajudados pela medicina. Aqueles que precisam ser tratados reclamam quando o médico não consegue curá-los, apesar de não terem cuidado da sua saúde durante muitos anos. Além de tudo isso, muitas vezes os pacientes não cooperam com os médicos nem fazem nada para acelerar o seu processo de recuperação.

Em vista disso, não é de surpreender que muitos médicos considerem sua profissão pouco satisfatória. Mesmo com as melhores condições de trabalho, os médicos têm vida pessoal difícil por causa das longas horas de trabalho, dos telefonemas, visitas aos pacientes nas horas mais variadas, morte dos clientes e a tensão decorrente da tentativa de equilibrar isso tudo com as necessidades da esposa e dos filhos.

Eu sabia que não poderia resolver os problemas de todos os médicos, causados pelo nosso sistema de saúde, mas podia tentar minorá-los. Podia ser um paciente compreensivo e solidário e podia assumir a responsabilidade de ajudar no meu processo de cura da maneira que fosse adequada e necessária à minha sobrevivência. Também poderia agir de forma que todos os participantes do meu tratamento soubessem que eu precisava do que eles estavam fazendo e agradecia os seus esforços do fundo do coração.

DÉCIMA SÉTIMA
A relação entre médico e paciente

Caro amigo,

Creio que foi útil escolher um médico que tivesse a capacidade necessária e um ponto de vista parecido com o meu, sobretudo no que diz respeito à relação corpo, mente e espírito. Mas, depois que o escolhi, achei muito importante respeitar o ponto de vista do meu médico e ter o meu ponto de vista respeitado por ele.

Não me senti levado a dizer ao meu médico como agir. Eu podia ouvir com respeito, — e o fiz — compreendendo que o médico estava dando o melhor de si para me esclarecer o que pensava do meu processo físico.

Cito alguns exemplos específicos de como tentei contribuir para criar um bom relacionamento com os meus médicos:

• Embora eu me sentisse à vontade para pedir informações ao meu médico, não o fazia perder tempo com questões que podiam ser resolvidas por uma enfermeira ou um funcionário administrativo.

• Levava em consideração os sentimentos do médico, incentivando-o a dar o melhor de si nas circunstâncias. Explicava que tinha fé em Deus, que estava pronto para ir quando Deus me chamasse e agradecia os esforços feitos por ele, qualquer que fosse o resultado final. Fiz questão de dizer que não recriminava mais os outros, para que, ao eliminar a pressão das costas dos médicos, eles desistissem de fazer exames desnecessários que poderiam ser dolorosos ou desconfortáveis.

• Fiz questão de dizer que estava receptivo a terapias métodos e medicamentos alternativos. Também insisti em participar das decisões sobre que alternativa escolher. Alguns dos meus médicos demonstraram satisfação por eu estar tão disposto a participar do meu tratamento.

- Eu me interessei pelos meus médicos como pessoas. Sempre que possível, perguntava sobre suas famílias, seus interesses, *hobbies*, etc.
- Dava-lhes pequenos presentes e escrevia bilhetes de agradecimento para que soubessem que eu realmente apreciava o esforço que faziam para me ajudar.
- Fiz questão de informar aos meus médicos que estava tentando realmente me curar e que tínhamos o mesmo objetivo. Eles sabiam que eu queria cooperar e acho que minha atitude e meus esforços fizeram com que dessem o melhor de si, para me ajudar.

Escolhi encarar os médicos como especialistas que têm grande conhecimento científico técnico e médico. Escolhi vê-los como recursos valiosos a serem utilizados para ajudar a lidar com o organismo humano. Não foram eles que me fizeram ficar doente e tampouco acredito que poderiam, por si sós, me fazer ficar bom. Eu achava que eles podiam ser um dos vários canais através dos quais Deus poderia me curar. Além do que, eles poderiam me confortar enquanto eu estivesse passando por aquele processo.

Embora agradeça do fundo do coração o que a medicina fez para que eu ficasse bom, não confiei apenas nos meus médicos, nem os vi como a autoridade final a decidir sobre minha saúde. E isto porque eles estavam lidando com o aspecto físico de "Reid", enquanto eu estava tentando também cuidar dos aspectos mentais e espirituais de "Reid", por acreditar que esses aspectos mentais e espirituais poderiam realmente influenciar a minha cura.

Também achei útil pensar no médico como sendo um técnico de futebol. Ele pode indicar as jogadas a serem feitas (remédios, tratamento, orientação, etc.), mas não participa pessoalmente no jogo da vida que está se realizando entre mim e Deus. Esta analogia do médico/técnico de futebol ajudou a reforçar a importância do meu papel como um paciente participativo e do papel de Deus com fonte da minha cura.

Acho que os médicos facilitam o processo de cura do organismo e que este serviço que prestam nos dá o tempo, o apoio e a energia necessários para que possamos levar a cabo as mudanças necessárias para uma vida mais saudável. Iso não quer dizer que os médicos sejam infalíveis ou que o sistema médico do nosso país seja perfeito.

Antes da minha experiência com o câncer eu nunca tinha ficado realmente doente durante os primeiros quarenta anos da minha vida. Eu achava que o sistema de saúde dos Estados Unidos era bastante bom e que era possível conseguir o que se quisesse. Mas, eis o que a medicina tradicional me ofereceu: "Não sabemos a causa da sua leucemia, não existe ainda um tratamento eficiente para ela e não estamos tentando encontrar a cura. É muito provável que você morra dentro de poucos anos, que gaste milhares de dólares com o tratamento, passe por inúmeros procedimentos dolorosos, sinta-se mal boa parte do tempo e não existe alternativa que conheçamos".

Isto foi um choque, mas ao mesmo tempo foi uma bênção, pois me dei conta de que tinha um papel primordial para recuperar minha saúde. Não quero dizer com isto que não fui ajudado pela medicina. Pelo contrário. Tomei muitos remédios que foram bons, recebi inúmeras transfusões de sangue, fiz várias operações. Acredito na medicina. E também acredito que o espírito, a mente e o corpo funcionam em conjunto para fazer a pessoa ficar doente ou boa. A função principal do meu médico era a de tomar conta do meu organismo. O resto era comigo, com a minha equipe de apoio (inclusive os psicólogos) e com o meu Criador.

Aos poucos, fui-me dando conta de que a sabedoria que faz o organismo funcionar sabe exatamente o que está fazendo. O organismo é um sistema altamente organizado e interdependente. No caso de alguns problemas de saúde, pode levar muito tempo para que as mudanças apareçam no organismo, mesmo que eu ache que as mudanças devem acontecer rapidamente. Aprendi que as células sanguíneas vivem cerca de 120 dias, No meu caso, às vezes se passavam alguns meses antes de que as mudanças que ocorriam no meu organismo (resultantes das mudanças mentais e espirituais) se manifestassem em um nível que pudesse ser medido pelos médicos ou que eu pudesse sentir.

Criei um plano prático. Decidi que enquanto os médicos trabalhavam com o meu organismo, eu trabalharia com a minha mente e o meu espírito. Talvez os três juntos — corpo, mente e espírito — pudessem melhorar juntos. Acredito que isso tenha acontecido.

DÉCIMA OITAVA
Como administrar a sua saúde

Caro amigo,

Apesar de não ter pensado assim inicialmente, agora vejo que teria sido bom se eu tivesse me encarado como o meu próprio "administrador de saúde", desde o início da minha experiência com o câncer. À medida que foram passando os anos, comecei a encarar meu problema a partir da minha perspectiva como administrador de uma empresa. Eu me vi organizando os recursos que estavam à minha disposição para lidar com o problema (a minha saúde) da maneira mais eficiente possível.

Tornei-me administrador de todos os recursos envolvidos na minha experiência com o câncer e aceitei a inteira responsabilidade pelos resultados. Acho que todas as escolhas foram minhas no final, incluindo as que precederam o diagnóstico.

Decidi que agiria como se tivesse contratado uma variedade de especialistas para prestarem serviços ao meu organismo. Dentre esses especialistas havia médicos, enfermeiras, técnicos de raios X, técnicos de laboratório, funcionários do hospital, da clínica, nutricionistas, fisioterapeutas, massagistas e outros.

Para me ajudar nos meus processos mentais, contratei psicólogos e psiquiatras. Muito tempo depois do diagnóstico da leucemia, não me ocorrera procurar ajuda de um psicólogo. Finalmente resolvi e, como já disse, os resultados foram muito bons. Ele me apresentou vários pontos de vista, idéias e questionamentos sobre os quais nunca teria pensado sozinho, ou pelo menos não teria descoberto de maneira tão rápida. Ele serviu como estímulo e orientador, incentivando-me a trabalhar sobre questões complexas e dolorosas que eu vinha ignorando. Demonstrou ser uma pessoa não-ameaçadora, imparcial e experiente que foi muito valiosa.

Também entrei em contato com o pastor da igreja que eu freqüentava para que me desse apoio e conforto espiritual, e passei a confiar mais no meu grupo de apoio imediato, incluindo minha mulher, família, amigos mais chegados e colegas de trabalho. No início da minha experiência com o câncer, não contei aos meus pais que estava doente porque não queira preocupá-los. Além do mais, achava que eles não podiam fazer nada por mim. Mais tarde, depois de contar à minha mãe, ela me comunicou que poderia ter-me ajudado muito com suas orações. Atualmente, acredito piamente! Um dos meus irmãos foi de grande ajuda. Os seus leucócitos eram praticamente idênticos aos meus; portanto, seria possível fazer uma transfusão do seu sangue para mim. Mesmo não tendo sido necessário, foi bom saber que era possível e que ele estava de acordo.

Utilizei a minha capacidade de organização para administrar o meu sistema de saúde da mesma forma que administrava o meu sistema de apoio familiar. Observe que emprego a palavra "apoio". Isto reflete a minha crença de que nós, pacientes, temos um papel preponderante na nossa cura. Portanto, acho muito positivo encarar os outros como um ponto de apoio ou de ajuda para atingirmos os objetivos que escolhemos.

Percebi que cada pessoa da equipe de saúde que cuidava de mim oferecia os serviços para os quais tinha especialização, treinamento, experiência e crenças. Também estava receptivo a aceitar os serviços que cada um podia me oferecer. Mas, se achava que uma pessoa podia atrapalhar o tratamento, eu a substituía por outra que se enquadrasse melhor no meu esquema. Não estou me referindo a mudar de médico ou de hospital por questões puramente emocionais, mas acho que deve pensar em possíveis alternativas e em obter outras opiniões que possam valer a pena. Descobri que o treinamento, a experiência e os níveis de capacidade variam bastante de um médico para outro. Alguns hospitais usam técnicas mais avançadas em certas especialidades. Nem todos são iguais. Decidi exercer o meu poder para escolher quem e o que fariam parte do meu sistema de saúde. Mas só fiz isso após ter entendido perfeitamente a situação e ter examinado as opções usando informações de pessoas idôneas.

Assim como existem familiares que não conseguem ajudar no caso de uma doença séria, o mesmo acontece com certos médicos. A incapacidade de ajudar pode estar refletindo falta de preparo, personalidade, falta de força física, inexperiência, nervos abalados ou outra coisa qualquer. Em todo caso, vi que era impossível modificar os familiares ou médicos incapazes durante os piores momentos da minha doença. O que eu podia fazer era administrar os meus recursos de saúde de maneira produtiva para beneficiar a minha saúde.

Espero que não pense que fui um paciente rabugento. Eu sabia que os membros da minha equipe de apoio não foram responsáveis pela minha doença e estavam tentando ajudar-me a me curar. Mesmo ficando frustrado às vezes, percebi que nem todo o mundo quer dar o melhor de si para um paciente difícil. Tentei me comportar de maneira a provocar reações de boa vontade levando em corte as circunstâncias. Descobri que seria bom me tornar um paciente receptivo, se quisesse ser bem tratado por parte daqueles que estavam ali para me ajudar.

Também vi que não conseguiria modificar o sistema médico e não deveria sequer tentar, enquanto estivesse correndo perigo de vida. O que eu podia fazer era mudar o meu relacionamento com o sistema de saúde e usá-lo em meu benefício, concentrando-me em um esforço de equilíbrio — físico, mental e espiritual — para continuar no caminho para a saúde.

Comentários sobre a décima sexta, décima sétima e décima oitava cartas

Ao lidar com os pacientes, pude perceber que obtive mais sucesso com aqueles que acreditavam que eu podia ajudá-los, que sentiam entusiasmo, e confiavam no tratamento e na sua capacidade de se curar. A maioria dos pacientes que vêm ao Centro Simonton para o Tratamento do Câncer está disposta a fazer o necessário para lutar contra a doença. Mas, existem uns poucos que estão desesperados, e suas crenças são fracas. Há ainda aqueles que, persuadidos a vir ao Centro, estão sempre procurando falhas para justificar suas crenças: "Eu sabia que isto não ia dar certo". Na maioria dos casos, uma crença errônea lhes foi incutida, como aconteceu com Reid, a quem foi dito que não havia cura. No Centro Simonton para o Tratamento do Câncer já nos habituamos a ser desafiados por nossos pacientes e estamos preparados a trabalhar com pessoas cheias de dúvidas.

Muitos médicos bem conceituados têm grande compreensão e dão muito valor à capacidade curativa dos seus pacientes. Lembre-se de que o seu médico recebeu todas as crenças praticadas na profissão. Ele pode ser um ótimo técnico, mas isso não faz dele uma pessoa capaz de curar. Acredito que muitos médicos já foram "curandeiros" naturais, mas tendo sido forçados a abandonar essa capacidade quando freqüentavam a faculdade de medicina, têm de reacender essa habilidade natural. Se conseguir admitir que a atividade negativa do seu médico é apenas uma crença como outra qualquer, em vez de se submeter à sua autoridade e aceitar a crença dele como verdadeira, você poderá ser mais objetivo na avaliação do tratamento que está recebendo. Isto é especialmente relevante, quando julga que seu médico não liga para a forma como você está buscando sua cura, além de projetar a crença dele de que você não irá obter o resultado que espera.

Na medicina tradicional chinesa, o médico era mandado embora se o seu paciente ficasse doente. Gosto desse sistema. Isto fazia com que o médico tivesse um interesse constante — coisa que não vemos hoje em dia — em manter o paciente em boa saúde. Embora exista um interesse cada vez maior na medicina preventiva nos Estados Unidos, a ênfase ainda é tratar as pessoas que estão doentes, ao invés de impedir que adoeçam.

Foi citado nos *Annals of the New York Academy of Science* que o tratamento tem mais chances de dar certo quando o paciente acredita no profissional de saúde e quando este acredita nos seus métodos. Avalie seu relacionamento com seu médico a partir desses termos. O que crê ser verdadeiro a respeito do seu médico? Quais são as indicações que tem de que o seu médico acredita no método de tratamento que ele está adotando?

Outra maneira de avaliar seu relacionamento com o seu médico é a forma como vocês se comunicam. Como disse Reid, a conversa com o médico é cheia de emoções, sobretudo medo, e também pontilhada com um jargão técnico usado para descrever procedimentos e tratamentos. Para estabelecer o seu nível de comunicação, faça uma lista das suas crenças sobre o seu médico e sobre o seu tratamento. Examine se essas crenças são saudáveis. Mantenha as crenças que são saudáveis e descarte as que são nocivas, usando as técnicas que já aprendeu. Isso criará emoções saudáveis que, por sua vez, levarão o sistema de cura do seu organismo em direção à saúde. Quando meditar, peça à sua sabedoria interior quais as informações que poderiam ajudá-lo a aumentar a sua confiança no médico e no tratamento. Não deixe de contrabalançar esse trabalho com o de confiar no seu organismo e nos seus processos.

Agora, a resposta à pergunta: "Quem é responsável pelos cuidados físicos do seu organismo, você ou o seu médico?" deve estar bem clara. A resposta, evidentemente, é que ambos são responsáveis. O médico é responsável por determinar o diagnóstico e a maneira como ele é apresentado a você. Esta responsabilidade inclui o aconselhamento sobre as opções de tratamento, e fazer com que você tenha acesso às melhores delas.

Você é responsável por decidir seguir o tratamento e cooperar com ele e com a equipe de saúde. Você também é responsável por suas crenças e emoções decorrentes, que terão um efeito importante sobre a maneira como reagirá ao diagnóstico e ao tratamento.

Sei por experiência que os pacientes tiram mais proveito do que aprendem por si próprios do que através de leituras ou informações dadas por outras pessoas (embora isso também seja importante). Sei, no mais profundo do meu ser, que dentro de cada pessoa existe uma sabedoria interior que é fonte da cura. Tentamos orientar os pacientes para que tenham experiências com a sabedoria interior durante a semana que passam conosco no Centro Simonton para o Tratamento do Câncer. Acreditamos que eles levarão consigo essas experiências ao voltarem para casa, junto com todos os outros conhecimentos, e passem a ter mais confiança em sua própria capacidade curativa. Espero que este livro possa ajudar o nosso leitor a fazer a mesma coisa.

Acho que uma pessoa que tem capacidade de curar — seja ela um médico, um conselheiro, um sacerdote, um xamã, um curandeiro ou simplesmente um amigo ou parente, ou qualquer combinação dessas pessoas — é aquela que ajuda o paciente a voltar a sua mente em direção da esperança, da harmonia e da saúde. Quando estamos perto de uma pessoa dessas, sentimo-nos bem, confortáveis, seguros e protegidos. Quando estamos com uma pessoa que suscite pensamentos nocivos, sentimo-nos mal — confusos, desesperançados, deprimidos ou amedrontados.

Se você acha que não consegue lidar com a dor provocada por um tratamento, seja franco. Diga isso ao seu médico. Não adianta nada sofrer em silêncio. O médico pode oferecer um tratamento alternativo. Escolha o melhor. Saiba que está fazendo o melhor que pode para o seu organismo. Muitas vezes, um terapeuta pode ajudá-lo ao examinar suas crenças sobre o tratamento e através de exercícios de visualização que lhe possibilitem cooperar com a terapia que está recebendo. Talvez queira conversar com outros pacientes cancerosos que obtiveram bons resultados com o tratamento. O que ajudou esses pacientes? Lembre-se que a sua sabedoria interior conhece qual a melhor maneira que o fará ficar bom. Use este recurso regularmente.

Quando estiver seguindo um tratamento, aceite o processo e respeite os seus efeitos. A quimioterapia e a radiação podem diminuir a sua energia; portanto, não deixe de descansar. Delegue tarefas aos outros. Peça a ajuda de que precisar. E use esses períodos de tratamento como oportunidades para também aprender a pedir o que deseja em outras ocasiões.

Enquanto se familiariza com o seu organismo e passa a influenciá-lo de forma positiva, você poderá aos poucos ir assumindo mais responsabilidades no seu processo de cura. Ao sentir que está conseguindo fazer isso, apresente a si mesmo o novo administrador da sua saúde. Você mesmo.

DÉCIMA NONA
Como reagir à recidiva

Caro amigo,

Senti-me muito bem após a cura milagrosa no outono de 1981. Estava mais forte do que nunca e tinha uma vida espiritual cheia de alegria. Já tinha passado por períodos de felicidade na vida, mas nunca havia sentido nada parecido com a alegria daqueles anos. Sentia-me próximo a Deus e estava rodeado por uma sensação de paz e bem-estar.
Passei a sentir vontade de dividir a experiência de cura milagrosa com outras pessoas. Então, quis escrever as cartas para explicar a minha experiência. Comecei a fazer isso em 1982. Mas, após algumas cartas, o fluxo de informação que eu tinha a passar, esgotou-se.
Finalmente, compreendi por que não conseguia mais escrever. Eu começara a pensar que tinha descoberto uma combinação de ingredientes que *faziam* com que o milagre ocorresse. Afinal, eu passara longas horas estudando hipnose, meditação, nutrição, ginástica, suplementos alimentares, fisiologia, psicologia, filosofia e religião, entre outros assuntos. Tinha certeza de que algum processo mental específico provocara a cura espiritual e que eu descobrira qual era esse processo, embora não soubesse exatamente como o realizar.
Observe que enfatizei que *eu* fizera para causar o milagre. Agora, parece-me completamente ridículo que alguém chegasse a tal conclusão. Acho que o fluxo de informações parou porque o entendimento que eu iria comunicar era nocivo. Não me dei conta disto na época. Simplesmente pensei que não conseguia mais escrever de maneira "significativa", porque nada mais tinha a dizer.
Quando parei de escrever, entendi perfeitamente que eu próprio não seguira algumas das minhas "lições do câncer". De certa forma, eu sabia que ia ter câncer de novo. Sabia que isso iria acontecer para que eu pudesse entender o que não tinha conseguido aprender antes.

Algum tempo depois, senti que algo acontecia no meu organismo. Então, fui ao médico que confirmou que a leucemia tinha voltado.

Por favor, quero que entenda que não estou pressupondo que as pessoas precisam ter câncer para aprender as lições da vida. Mas, no meu caso, eu precisava de algo para me sacudir e o câncer foi o agente outra vez.

Nesta minha segunda experiência com o câncer, minha atitude foi mais prática, porque encarei o episódio como um processo de aprendizagem. O aspecto espiritual já tinha me indicado que o processo anterior havia sido o mesmo. A recidiva era de se esperar. Não sabia o que precisava aprender, mas sabia que esse era o propósito da recidiva, assim como ocorrera no primeiro diagnóstico.

Não vou afirmar que não estava com medo. Como já tinha sido milagrosamente curado antes, sabia que Deus estava do meu lado, embora não soubesse de que forma. Acreditava realmente que ia me curar de novo, mas não sabia como nem quando. Portanto, a maior parte do meu medo relacionava-se com a dor e o desconforto associado às idas ao hospital e o tratamento. Tinha muitas dúvidas se ia recuperar a saúde. Na verdade, tinha dúvidas sobre minha capacidade, pois obviamente não tinha aprendido o suficiente durante a minha primeira experiência com o câncer. Fiquei com medo de que Deus se cansasse desse seu aluno tão lento.

Fiquei muito doente nesse período. Fui a outro hospital onde as enfermeiras, especializadas em pacientes com câncer, me disseram que jamais tinham visto alguém com uma contagem sangüínea tão baixa quanto a minha. Enfermeiras vieram de outros andares só para ver como eu era. Jana me contou depois que elas ficaram impressionadas com a minha atitude positiva. Elas pareciam ainda mais surpresas quando pulei da cama e fui andar de um lado para o outro no corredor do hospital, para fazer um pouco de exercício. Claro que não andava rápido nem ia muito longe, mas o simples fato de sentar na cama já era surpreendente, naquelas circunstâncias.

Tive várias infecções, às vezes duas ou três simultaneamente. Aplicaram-me muitas injeções intravenosas. As infecções sumiam, os médicos suspendiam a medicação e logo as infecções voltavam, as mesmas de antes e outras ainda mais fortes.

E, um belo dia, tive outra experiência espiritual. Passara vários dias estudando o que diz a Bíblia sobre a fé e a minha fé tinha se fortalecido a partir dessa leitura. Em estado semi-sonolento, ouvi que ficaria bom no início de dezembro. Isso aconteceu em novembro, se me lembro bem. Eu entendi essa mensagem como significando que o meu organismo iria fabricar as células sangüíneas de que precisava a partir do dia 1º de dezembro. Isto significava que eu iria começar a me sentir melhor logo depois e teria uma contagem sangüínea normal no mês de abril. (Como já disse antes, as hemácias vivem cerca de 120 dias.) E foi exatamente assim que aconteceu. A contagem sangüínea voltou ao nível normal no início de abril.

Durante todo esse incidente com o câncer, eu estava tomando uma nova "droga milagrosa". Quase morri por causa desse remédio. Mas, também fiquei bom tomando o mesmo medicamento. O fato é que minha saúde voltou de acordo com a mensagem espiritual que eu recebera. Acho que os remédios e os tratamentos foram úteis de várias formas. Mas, no que me diz respeito, a cura foi acelerada pela influência espiritual. Ao ler isso, por favor, leve em consideração que fui eu quem passou por essa experiência — a recidiva, a mensagem e a recuperação da saúde — e estou descrevendo-a da melhor maneira que posso.

O segundo episódio de câncer foi uma experiência de aprendizado muito importante para mim. Comecei a carta dizendo que tinha me concentrado no que *eu* havia feito para me curar. *Eu deveria ter me concentrado no que Deus havia feito por mim.* Agora vejo a mente como uma espécie de molde (ou matriz) que contém crenças que podem melhorar, bloquear ou distorcer o fluxo de força criativa gerada por Deus e enviada a todos nós. Finalmente, percebi que posso ajudar melhor os outros quando me concentro no que Deus pode fazer através de mim, ao invés de prestar atenção no que eu posso fazer através de Deus. Mais uma vez, vejo a reação que escolho como sendo mais poderosa do que o problema em si.

Comentários sobre a décima nona carta

Acho que a melhor maneira de lidar com a recidiva é não lhe dar mais importância do que a que ela tem. Não obstante todos os pacientes queiram encontrar um tratamento — tradicional ou não — que dê resultados permanentes e imediatos, isso nem sempre acontece. A recuperação exige uma avaliação contínua, e há ocasiões em que as coisas não estão tão bem quanto desejaríamos. Isto não significa que a recuperação é impossível: significa que haverá altos e baixos no caminho. Encontrar forças para enfrentar esses altos e baixos é um dos aspectos mais difíceis da cura, e o apoio é importantíssimo.

Não encare o diagnóstico de recidiva como uma sentença de morte. Tente se dar algum tempo para absorver o choque. Depois, como fez antes, use a meditação para perguntar a mensagem transmitida pela recidiva e atue segundo o que ela indicar. Reconheça que fez o melhor possível com a informação de que dispunha no momento.

A recidiva é uma possibilidade para qualquer paciente canceroso. É um assunto a ser discutido, em lugar de ignorado, e, mais uma vez, se não conseguir conversar sobre os seus medos, peça ajuda a um profissional que irá ouvi-lo e orientá-lo. Conversar sobre o medo da recidiva não fará com que ela apareça. Ajuda a aliviar as emoções negativas, e a desenvolver crenças mais saudáveis sobre a reincidência. Isso diminuirá a importância da recidiva, quer ela venha ou não a ocorrer.

Se passar por uma recidiva, encare-a como vem encarando a sua saúde. Use-a como um meio de informação. Talvez você tenha conflitos que precisam ser resolvidos. Talvez precise satisfazer seus anseios através da doença, por não ter achado outro meio de cuidar deles. Talvez sinta-se sobrecarregado por todas as mudanças que fez e precisa ir mais devagar. Talvez tenha parado de fazer algumas das coisas que causavam um impacto positivo sobre sua saúde. Questione-se sobre o que aconteceu, enquanto medita. Reavalie o seu plano bienal de saúde. Será necessário enfatizar que o plano deve ser seguido à risca ou precisa fazer algumas mudanças nesse plano?

Este também é o momento de reforçar o seu sistema de apoio e confiar mais nele do que tem feito até então. Permita que os demais o ajudem tanto quanto possível, para que você possa se concentrar na sua cura.

Com a recidiva, Reid examinou mais uma vez a sua definição de câncer, para tentar explicar por que a leucemia voltou a se manifestar. Como ele tinha imaginado o câncer dentro de uma perspectiva saudável e positiva de definição de vida, ele sentiu menos medo quando voltou a adoecer.

Reid definiu o câncer como fluxos espirituais bloqueados. Esta definição talvez não seja boa para você, mas para Reid foi, pois mostrou-lhe o que fazer com a doença. Ele precisava remover os bloqueios que impediam o espírito de agir sobre sua vida.

Minha interpretação do conceito de Reid é que existe um bloqueio que nos impede de compreender nossa relação conosco, com o planeta e com tudo o que existe. Algumas crenças podem obstruir esse relacionamento, enquanto outras podem criar um relacionamento sólido e harmonioso.

Podemos também fazer um paralelo entre o conceito de Reid e minha anterior definição sobre câncer. *Uma parte da experiência do câncer está tentando ser quem você não é*, o que pode ser explicado como se o fluxo natural do universo estivesse apartado ou bloqueando o fluxo de energia que mantém o universo em movimento. *Para curar-se do câncer é necessário tornar-se quem você é*. E isto implica eliminar os bloqueios e fazer parte do fluxo do universo, entrando em sintonia com a sua verdadeira natureza.

Penso que a definição de Reid é mais próxima da minha, ou seja, a mesma coisa dita de maneira diferente. Isto não quer dizer que estamos "certos". Apenas significa que partilhamos crenças semelhantes.

Se você estiver enfrentando uma recidiva, reflita sobre a maneira como define o câncer. O que ela está dando a entender a respeito das suas crenças? Como lhe possibilita agir sobre a doença? Se a sua definição do câncer não for saudável ou profícua, examine a definição de Reid ou a minha, para então desenvolver a sua própria definição.

Durante a meditação, investigue o que lhe parece ser o maior obstáculo à sua cura e pergunte à sua sabedoria interior como tranformar esse obstáculo numa oportunidade para aprender.

Se está reagindo à recidiva com sentimentos de fracasso, culpa ou recriminação, lembre-se de praticar a seguinte crença: "Sempre faço o melhor que posso com a informação e a compreensão que tenho no momento". Seja tolerante consigo mesmo e peça ajuda. As pessoas com quem trabalho raramente têm sentimento de culpa, fracasso e recriminação, exceto por alguns dias. Lembre-se de que criamos esses sentimentos a partir de crenças e atitudes; portanto, o que deve ser feito é transformar crenças nocivas em crenças saudáveis.

VIGÉSIMA
O que aprendi

Caro amigo,

Talvez se recorde que meus pensamentos sobre Deus e sua criação eram confusos e desorganizados no início da minha experiência com o câncer, em 1979. Isso mudou. Agora tenho pontos de vista mais definidos. Espero que este resumo possa ajudá-lo. Sintetize os seus próprios pensamentos da mesma forma — reveja-os e atualize-os de vez em quando — isto também poderá ser bom para você.

• A criação de Deus existe para servir aos propósitos dele e não aos meus.
• Faço parte da criação de Deus. Ele não faz parte da minha.
• Atualmente não estou consciente de todas as criações de Deus.
• Cada aspecto da criação de Deus tem uma função ou papel específico, necessário e relacionado de certa forma à operação do universo como um todo.
• A criação de Deus está sempre se movendo em direção ao equilíbrio espiritual. Cada ação dá início a uma reação. Um movimento deslocado do equilíbrio dá início a um contramovimento em direção ao equilíbrio.
• Não existem estímulos isolados. Cada pensamento, palavra, ação, por parte de qualquer um dos aspectos da criação, dá início a uma reação. Mas, talvez não estejamos conscientes dessas realidades enquanto elas acontecem.
• Não existe "independência" de Deus. Não podemos nos afastar da criação de Deus. Minha crença na "independência" foi um erro baseado na minha falta de compreensão de Deus.

- Não me é possível alterar os grandes planos de Deus, de forma alguma. Seus desígnios serão cumpridos independentemente das minhas escolhas. Mas, é possível que eu me expresse criativamente de muitas maneiras, dentro do meu papel como criatura de Deus.
- A maior experiência da vida é criada quando escolho me expressar seguindo uma meta de existência que esteja em harmonia com a criação de Deus. Se eu escolher uma meta que não esteja em harmonia com a criação de Deus, não estarei em harmonia com os níveis mais profundos do meu ser.
- Minhas escolhas têm um significado extraordinário na formação da minha própria percepção da realidade.
- Nós, seres humanos, temos tendência a nos concentrarmos em nossas criações ao invés de nas de Deus. Recebemos aquilo de que precisamos mas nossa compreensão é limitada pelos nossos próprios conceitos. Portanto, muitos de nós preferimos, inconscientemente, usar uma porção mínima do potencial de poder que está à nossa disposição. Ficamos dentro da nossa esfera muito restrita de entidade que serve a si mesma, quando devíamos optar por servir a totalidade da criação.
- Podemos contemplar a nós mesmos como parte integrante de toda a criação e darmo-nos conta de que a criação da qual fazemos parte é em si mesma infinita.
- Um ponto de vista individualista é necessariamente delimitante e, como tal, atrai apenas um nível restrito de energia criativa.
- Podemos optar por convertermo-nos em servidores da criação de Deus, em lugar de sermos servidos por ela. Neste caso, transcendemos o enfoque que colocamos em nós mesmos e conseguimos assumir uma postura que se enquadra *nesta* dimensão, sem entretanto pertencer a *esta* dimensão.
- À medida que nos tornamos mais e mais conscientes da nossa verdadeira natureza espiritual, tornamo-nos menos apegados à mente e ao corpo físico. A percepção da separação entre a matéria e o espírito pode nos ajudar a entender a morte, a partir dessa dimensão física. Esta perspectiva tende a minimizar o medo da morte.
- Todos os aspectos da criação de Deus estão vivos e destinados a nos ensinar o que precisamos saber a fim de nos tornarmos o que Deus quer que sejamos. Isto implica sermos atenciosos, delicados, amorosos, solidários, compreensivos, obedientes a Deus, em harmonia com suas criações, plenos de contentamento.
- Estamos em harmonia quando fazemos escolhas compatíveis com a criação de Deus. É um processo agradável, ao qual o organismo se adapta bem.
- Ao fazermos escolhas, estamos interagindo com a vida — nossa mestra — produzindo resultados específicos e significativos, a partir dos quais temos sempre a oportunidade de aprender e crescer. Como alunos de Deus, nos damos conta de que algumas reações são mais produtivas do que outras.

- Às vezes. ficamos frustrados com a vida e consideramos o aprendizado de Deus desanimador. Isto pode afetar a nossa vontade de viver ou o nosso desejo de continuar a interagir com a vida. Contudo, podemos escolher de novo e de maneira diferente.
- Como hóspede deste planeta, aluno da vida e servo de boa vontade, posso escolher um caminho mais iluminado e vivenciar transformações físicas, alegria e harmonia nesta dimensão, ao perceber e aceitar o amor de Deus aqui e no momento atual.

Como conclusão, sinto-me impelido a lembrá-lo de que estou compartilhando o que acredito possa ajudar você e incentivar os seus pensamentos. Espero, do fundo do meu coração, que consiga tirar benefícios desses pensamentos e experiências, ao reexaminar a maneira como Deus afeta a sua vida.

Comentários finais

Espero que esta última carta o tenha ajudado a perceber melhor as suas crenças e que todas as cartas de Reid tenham podido estimular e orientar de maneira poderosa o seu caminho em direção à saúde.

Agora, se você seguiu o indicado no livro, deve ter completado o seu plano bienal de saúde e incluído a meditação e a visualização como parte da sua prática diária. Felizmente, você também deve ter tomado conhecimento de algumas experiências da sua sabedoria interior e ter aumentado o seu grau de confiança na capacidade de cura do seu organismo.

Mas o trabalho não acabou. O que este livro indica faz parte de um processo para transformar você em quem você é, e que deve durar a vida toda. Compare suas emoções, seus pensamentos e suas crenças atuais sobre o câncer com o que eram quando começou o trabalho. A sua atitude em relação à saúde reflete as mudanças saudáveis que efetivou com as suas crenças?

Enquanto você prossegue a sua jornada em direção à saúde, poderá usar este livro continuamente. Sua criatividade é o único limite para o seu trabalho. Reveja a lista de cartas, classifique-as de acordo com as suas necessidades atuais e reveja novamente a série de cartas. Ou então, escreva as suas próprias cartas, a partir dos métodos que aprendeu neste livro. Mesmo que não as envie, serão uma forma maravilhosa de continuar a observar as suas crenças.

Você também poderá aplicar as habilidades que aprendeu a desenvolver aqui e usá-las para investigar outras abordagens de cura.

Quero que saiba que Reid e eu damos todo o nosso apoio aos seus esforços. Esperamos que continue a aumentar o seu nível de compreensão, a expandir a sua consciência e a abrir o seu coração para descobrir o que é necessário para ter uma boa saúde e desfrutar uma vida plena.

Bibliografia médica
(Pesquisa necessária para o capítulo 1)

Ader, R., Cohen, N. (1982). Behaviorally conditioned immunosupression and systemic lupis erythematosis. *Science*, 19, março, 215:1534-1536.
Ader, R., Cohen, N. (1981). Conditioned immunopharmacologic effects. In: *Psychoneuroimmunology*. Nova York Academic Press.
Ader, R., Felton D. (1990). *Psychoneuroimmunology II*. Nova York Academic Press.
Berk, L.S., Tan, S.A., Napier, B.J., Eby, W.C. (1989). Eustress of mirthful laughter modifies natural killer cell activity. *Clinical Research*. National Meeting, Washington DC., 18 de abril a 1? de maio.
Berk, L.S., Tan, S.A., Nehlsen-Cannarella, S., Napier, B.J., Lewis, J.E., Lee, J.W., Eby, W.C. (1988). Humor associated laughter decreases cortisol and increases spontaneous lymphocyte blastogenesis. *Clinical Research*. 36:435A.
Berk, L.S., Tan, S.A., Fry, W.F., Napier, B.J., Lee, J.W. Hubbard, R.W. Lewis, J.E., Eby, W.C. (1989). Neuroendocrine and stress hormone changes during mirthful laughter. *The American Journal of the Medical Sciences*. Dezembro. 196: n? 7: 90-396.
Bulloch, K. (1985). Neuroanatomy of lymphoid tissue: a review; *in* Guillemin Cohn, Melnechuk (orgs.), *Neural Modulation of Immunity*. Nova York: Raven, pp. 111-140.
Derogatis, L., Abeloff, M., Melisaratos, N. (1979). Psychological coping mechanisms and survival time in metastatic breast cancer. *Journal of the American Medical Association*. 242:1504-1508.
Eysenck, H.J. (1988). Health's character. *Psychology Today*. Dezembro. Vol. 22, pp. 28-32.
Felton, D.L., Livnat, S., Carlson, S.L., Bellinger, D.L., Yeh, P. (1984) Sympathetic inervation of lymph nodes in mice. *Brain Research Nulletin*. Dezembro, 13:693-699.
Greer, S. e McEwan, P.J.M. (orgs.) 1985. Cancer and the Mind. *Soc. Sci. Med.*, 20:771-853.
Grossarth-Maticek, Ronald, Bastiaan Jan, e Kanazir Dusan. Psychological factors as strong predictions of mortality from cancer, ischemic heart disease and stroke: Yugoslav Prospective Study. 1985, *Journal of Psychosomatic Research*. Vol. 29, pp. 167-176.
Kiecolt-Glaser, J.K., Garner, W., Speicher, C.E., Penn, G., Glaser, R. (1984). Psychosocial modifiers of immunocompetence in medical students. *Psychosomatic Medicine*. 46:7-14.
Klopfer, B. (1957). Psychological variables in human cancer. *Journal of Projective Techniques*. 21:331-340.
LeShan, L. (1989). *O câncer como ponto de mutação*, editado no Brasil pela Summus Editorial. (*Cancer as a Turning Point*)

New York Academy of Science. (1966). Psychophysiological aspects of cancer. Vol. 125.
New York Academy of Science. (1969). Psychological aspects of cancer. Vol..164.
Ornish, Dean. (1990) Can lifestyle changes reverse coronary heart disease? *Lancet.* 21 de julho de 1990. 336(8708):129-133.
Pert, C.B. (1986). The wisdom of the receptors: neuropeptides, the emotions, and body-mind. *Advances* 3(3):8-16.
Pert, C.B., Ruff. M.R., Weber, R.J., Herkenham, M. (1985). Neuropeptides and their receptors: a psychosomatic network. *Journal of Immunology.* 135:820s-826s.
Simonton, O.C., Matthews-Simonton, S.S. (1975). Belief systems and management of the emotional aspects of malignancy. *Journal of Transpersonal Psychology.* 7(1):29-47.
Simonton, O.C., Matthews-Simonton, S.S., Creighton, J.L. (1978). *Com a vida de novo.* Editado no Brasil pela Summus Editorial.
Simonton, O.C., Matthews-Simonton, S.S.,(1981). Cancer and stress: counseling the cancer patient. *Med. Journal of Australia.* 1º de junho: 679-683.
Spiegel, D.; Kraemer, H.C.; Bloom, J.R.; Gottheil, E. (1989). The effect of psychosocial treatment on survival of patients with metastatic breast cancer. *Lancet.* 14 de outubro de 1989; Vol. II (8668):888-891.
Thomas, C.B., e Duszynski, D.R. Closeness to parents and the family constellation in a prospective study of five disease states: suicide, mental illness, malignant tumor, hypertension, and coronary heart disease. *The Johns Hopkins Medical Journal*, 1973, 134, 251-70.

Leitura aconselhada

Achterberg, Jeanne: *Imagery in Healing.* Boston: Shambhala, 1985.
Borysenki, Joan: *Minding the Body, Mending the Mind.* Nova York: Bantam, 1988.
Cousins, Norman: *Anatomy of an Illness.* Nova York: Norton and Company, Inc. 1979.
Cousins, Norman: *Head First: The Biology of Hope.* Nova York: Dutton, 1989.
LeShan, L.: (1989). *O câncer como ponto de mutação*, editado no Brasil pela Summus Editorial.
Maultsby, Maxie C.: *Rational Behavior Therapy*: Nova Jersey: Prentice Hall, 1984.
Rossi, E.: *The Psychobiology of Mind-Body Healing.* Nova York: Norton and Company, 1986.
Rossman, Martin L.: *Healing Yourself: A Step-by-Step Program for Better Health Through Imagery.* Nova York: Walker & Co., 1987.
Siegel, Bernie S.: *Amor, medicina e milagres.* Publicado no Brasil pela Editora Best Seller.
Simonton, O.C., Matthews-Simonton, and, Creighton, J.L. (1978). *Com a vida de novo.* Editado no Brasil pela Summus Editorial.

O Centro Simonton para o Tratamento do Câncer

O Centro Simonton para o Tratamento do Câncer fornece informações, treinamento e organiza grupos de apoio para pacientes cancerosos, e para profissionais da área da saúde.

O Programa para o Paciente baseia-se no trabalho pioneiro do dr. Simonton, que criou o bem-sucedido método que valoriza a parte emocional, e dá apoio aos pacientes cancerosos.

Ele partiu do conceito de que as crenças, os sentimentos, as atitudes e o estilo de vida são fatores importantes que afetam a saúde.

Quando a doença aparece, esses fatores também influenciam a reação do paciente ao tratamento médico, ajudando a determinar sua eficácia assim como o nível de confiança na equipe médica.

O programa compõe-se de uma sessão educacional e psicoterapêutica de cinco dias e meio, durante os quais esses conceitos são explorados em uma atmosfera segura, propiciando apoio aos pacientes e seus acompanhantes, para que eles possam aprender como se transformar, de maneira positiva. O programa concentra-se na influência das crenças e dos sistemas de crença. Os participantes aprendem técnicas para enriquecer suas vidas, a fim de melhorar sua saúde; recebem aconselhamento sobre estilos de vida; praticam exercícios de relaxamento e visualização (pensamento criativo). Além do mais, examinam o papel da amabilidade e o do estresse, dos ganhos secundários e de outros fatores que contribuem para a doença. As questões acerca da recidiva e morte também são discutidas. Aprendendo a examinar esses pontos durante o trabalho em grupo, o paciente poderá incorporar esses métodos na sua vida diária.

Nossa abordagem não pretende substituir o tratamento prescrito pela medicina tradicional. Foi originalmente desenvolvida para complementar o tratamento que o paciente está recebendo e aumentar potencial de cura, usando a sua própria sabedoria interna.

O Centro Simonton para o Tratamento do Câncer oferece um programa intensivo para profissionais da área da saúde e sessões de treinamento nos fins de semana.

O Centro Simonton para o Tratamento do Câncer é uma organização sem fins lucrativos e as doações podem ser deduzidas do imposto de renda. Todas as doações vão para o Fundo de Bolsa de Estudos para ajudar pacientes em dificuldades financeiras a participar dos nossos programas.

Para quaisquer informações sobre os programas escreva ou telefone para:

The Simonton Cancer Center
P.O. Box 890
Pacific Palisades, CA 90272
(310) 459-4434
Estados Unidos

The Simonton Center Tape and Literature Department
P.O. Box 1198
Azle, TX 76020
(800) 338.2360 ou
(817) 444.4073 (no Texas)
Estados Unidos

GRUPOS DE APOIO A PACIENTES DE CÂNCER QUE ATUAM NO BRASIL

Programa Avançado de Auto-Ajuda — CORA

O CORA é uma sociedade civil de caráter privado, de âmbito nacional e sem fins lucrativos, destinada à união dos esforços de auto-ajuda das pessoas atingidas pelo câncer. O PAAA é um trabalho especialmente dirigido a grupos de pacientes de câncer, introduzido no Brasil pelo CORA, mediante um convênio com o Cancer Support and Educacional Center, Menlo Park, California, EUA, onde é aplicado há mais de 15 anos.

São cerca de 60 horas de trabalho em conjunto, com técnicas dirigidas, que dão ao participante a oportunidade de entrar em contato com suas emoções mais profundas a respeito da doença. Os grupos são formados por oito a doze pacientes e respectivos acompanhantes — pessoas próximas, se possível da família —, um coordenador com formação em psicologia ou psiquiatria e monitores, na proporção de um para quatro participantes.

O Programa está estruturado em nove sessões semanais, cada qual com seis horas consecutivas de trabalho, observado um intervalo para refeição. Essas sessões desenvolvem-se em torno de temas abordados de forma direta e criativa, oferecendo ao paciente oportunidades de partilhar seus sentimentos e preocupações com o grupo e fazendo com que ele passe a acreditar que pode colaborar na luta contra o seu câncer, sentindo-se fortalecido, mais participante e mais responsável pela sua própria vida.

Endereço: Rua Madalena, 99 — CEP 05434-190 — São Paulo, SP
Fone: (011) 813-3340

ReVida — Grupo de Apoio Psicoterápico a Pacientes de Câncer

O trabalho desta equipe surgiu em função da formação profissional de seus integrantes, de suas experiências em grupos congêneres e de sua vivências pessoais com a doença. Esse esforço resultou num método psicointegrador e de apoio a pacientes de câncer. O programa estende-se ao longo de um semestre e segue uma dinâmica com diferentes propostas a cada encontro. O objetivo é proporcionar ao paciente a possibilidade de se confrontar com seus verdadeiros sentimentos em relação à doença e à vida, para que possa se rever e se propor metas para sua existência. Com o apoio do grupo, ele descobre novos estímulos no sentido de se tornar mais ativo e responsável pelo seu tratamento e possível cura, tendo como enfoque a busca de uma melhor qualidade de vida.

Endereço: Rua Maysa Figueira Monjardim, 67 — CEP 04042-050 —
Vila Clementino — São Paulo, SP — Fone: (011) 275-4577

Leia também:

COM A VIDA DE NOVO
Uma abordagem de auto-ajuda para pacientes com câncer
O. Carl Simonton, Stephanie Matthews-Simonton e James L. Creighton

Ténicas de auto-ajuda para complementar os tratamentos usuais do câncer. Através de uma verdadeira mobilização para uma luta emocional, este método tem obtido excelentes resultados controlando o "stress" e outros fatores psicológicos que contribuem para desencadear e desenvolver a doença e que muitas vezes são deixados em segundo plano ou esquecidos pelos médicos.

A FAMÍLIA E A CURA
O método Simonton para famílias que enfrentam uma doença
Stephanie M. Simonton

Neste livro, a autora, uma expert no campo das causas psicológicas e tratamentos do câncer apresenta uma abordagem positiva de como as famílias podem trabalhar juntas para criar um ambiente terapêutico quando algum de seus membros é atingido por uma doença grave. Uma aplicação do método Simonton já utilizado com sucesso em *Com a vida de novo*.

O CÂNCER COMO PONTO DE MUTAÇÃO
Um manual para pessoas com câncer, seus familiares e profissionais de saúde
Lawrence LeShan

Que estilo de vida faria você se levantar feliz ao acordar e ir para a cama contente à noite? Perguntas como esta são feitas pelo autor aos seus pacientes de câncer, com o objetivo de ajudá-los a perceber os possíveis "pontos de mutação" que podem transformar suas vidas e a resposta aos seus tratamentos. Um livro cheio de sabedoria, com sugestões objetivas para doentes e profissionais da área e agradável de se ler mesmo para quem não está com câncer.

POR QUE EU?
O que toda mulher deve saber sobre o câncer de seio
Rose Kushner

Livro destinado a leigos, mas útil para médicos e assistentes sociais, com tudo que se queira saber sobre câncer de seio. Escrito com rigor científico, ensina como detetar a moléstia, como proceder após a mastectomia, e assim por diante.

Impresso na
**press grafic
editora e gráfica ltda.**
Rua Barra do Tibagi, 444 - Bom Retiro
Cep 01128 - Telefone: 221-8317